理財就像
談戀愛一樣簡單

Managing money is like falling in love

落英(杜笑笑) 著

CONTENTS 目錄

自序 理性、真誠、熱愛、勇敢，戀愛和理財都適用　　　　4

{壹} 戀愛的前提
與「合適」的人在一起

挑選「基金經理人」，就像找對象　　　　12
想把握幸福，請找尋「債券型基金」的亮點　　　　18
鑽石恆久遠，「指數型基金」也可以　　　　22
「指數型基金」多不勝數，新手盲選策略報你知　　　　28

{貳} 戀愛腦來搗亂
付出？收益？請你務必算清楚

時刻保持清醒，買基金須慎選　　　　34
首次買基金，「三點」不遺漏　　　　40
避免單押賽道，相信「基金組合」的力量　　　　48
買基金就像談戀愛，四大「陷阱」別硬闖　　　　54

{叁} 做一個戀愛中的「心機女」
永遠掌握「主動權」

績優股 VS. 潛力股，我該選擇哪一個？　　　　62
景氣循環股 VS. 概念股，越危險越是心癢難耐……　　　　70

市場風向大轉彎,「時間的紅玫瑰」還香嗎?	74
長線投資 VS. 短線投機,兩者背後的底層邏輯	81
進場前的觀察期＝戀愛前的曖昧期	87

{肆} 戀愛時全心投入,分手後不拖泥帶水

不能「既要、又要、還要」,風險、收益永遠相互依存	96
透過交易時的成敗,重新認識自己	104
避免被情緒主導,持股部位管理很重要	110
相信「渣男」會變好?投機主義很要命	120
結束愛情長跑不可怕,恐怖的是你懷疑自己……	128

{伍} 當愛情轉化為親情
投資有一道門檻叫做「安全感」

有了安全感才能遊刃有餘,戀愛和理財都一樣	140
虧損有限,獲利無限—可轉換債券獲利,有跡可循	146
嫌棄股票風險高,且讓債券默默守護你	156
迎接經濟寒冬,提前佈局求心安	160

後記	168

理性、真誠、熱愛、勇敢，戀愛和理財都適用

大家好，我是杜笑笑，一個風風火火的湖北妹子，也是微信公眾號「落英財局」的創辦人。

我從 2016 年開始做財經自媒體，當時屬於玩票性質，也並沒有意識到三年後公眾號能擁有百萬粉絲。筆名取得很隨意，因為我很喜歡《桃花源記》中「忽逢桃花林，夾岸數百步，中無雜樹，芳草鮮美，落英繽紛」的意境，所以取名「落英」。雖然我的筆名聽上去像一個溫柔安靜的女子，但是我本人真實的性格卻截然相反，完完全全就是一個性格直爽、不拘小節的「娘子漢」。

「落英財局」從 2016 年開辦，一開始只有我一個人寫文章，直到現在擁有三十多人的經營團隊，一路走來並不順利。

在處理各種問題的過程中，我的性格被磨練得更加堅毅，我也更加明白自己想要什麼、適合什麼、能完成什麼目標。

2023年是我做財經自媒體的第八年，機遇巧合遇到了一個出版理財書的機會。一開始，我的內心是抗拒的，我心想：在網路發表文章和撰寫理財書完全是兩回事，我真的適合寫理財書嗎？我習慣的寫法是根據財經熱點切入理財乾貨，文章可讀性更強，而書籍的時效性，從本質上決定了根本無法追蹤熱點，我該怎樣做才能把理財乾貨寫得既好玩又有趣？

後來，我的合夥人羅翔跟我說，雖然我寫了八年的理財文章，但卻從來沒有系統性輸出過理財知識。公眾號提供的碎片化資訊，可讀性雖高，但理財書卻能更妥善地幫助讀者梳理知識框架，我為什麼不試試看？於是，我從2023年3月開始構思新書大綱，前後花了半年時間，終於完成新書的定稿。

結合理財與戀愛，讓投資觀念更接地氣

這本書把戀愛和理財結合起來，一是為了讓讀者更有代入感，更好地理解枯燥的理財知識，不會被密密麻麻的知識點「勸退」；二是為了表達我一直以來實踐的觀點：理性、真誠、熱愛、勇敢，戀愛和理財都適用。說到理財，市面上主流的理財管道主要有八種。在前言裡我先給大家總結一下，方便大家

今後選擇適合自己的理財產品，滿足財富增值的需要。

第一，銀行理財。銀行理財是很傳統的一種理財方式，也是大部分人接觸理財產品的首選。

第二，債券。債券是政府、金融機構、工商企業等直接向社會借債、籌借資金時向投資者發行，同時承諾按一定利率支付利息，並按約定條件償還本金的債權債務憑證。債券按照發行主體的不同，分為政府債券（國債等）、金融債券和公司債券等主要類型，其中可轉債是一種特殊的公司債券。

第三，基金。基金的運作方式是把錢委託給專業的投資人，也就是基金經理，讓其進行投資管理，以獲得較高的投資收益。根據投資物件的不同，基金可以分為貨幣型基金、債券型基金、組合型基金、股票型基金、基金中基金、另類投資基金等。其中股票型基金和組合型基金風險較高，預期收益也較高。債券型基金和貨幣型基金風險較低，預期收益也較低。

第四，股票。股票是一種有價證券，它是股份有限公司簽發的證明股東所持股份的憑證。因此買股票就是買上市公司，它的收益主要由股價波動帶來的收益和上市公司分紅收益兩部分組成。股票投資的優勢是流動性好，預期收益較高；缺點是受股市波動影響大，風險也比較高。

第五，信託。信託產品是由信託公司發行的正規理財產品，與銀行、保險、證券並列為全球四大金融支柱。信託理財

產品過去之所以能做到「高收益、低風險」，主要是享受了房地產市場爆發的時代紅利，如今房地產紅利逐步消失，也就需要謹慎對待這個理財管道了。

第六，外匯投資。外匯投資是指投資者為了獲取投資收益而進行的不同貨幣之間的兌換行為。它的優點是買賣交易時長可以24小時不間斷，不需要向銀行繳納手續費，市場透明度高；缺點是匯率波動大，需要密切關注外幣的動向，不適合非專業投資者。

第七，期貨投資。期貨投資是相對於現貨交易的一種交易方式，它是在現貨交易的基礎上發展起來的。期貨主要不是貨，而是以某種大眾產品（如蘋果、大豆、石油等）以及金融資產（如股票、債券等）為標的的標準化可交易合約。而期貨投資的優點是流動性強、收益高、雙向交易，以及以小博大的保證金制度，只需繳納一定額度的履約保證金；缺點是商品價格波動大，由於投資槓桿高，風險往往也很高，不適合非專業投資者。

第八，期權投資。期權投資是一種比較複雜的投資方式。它的特點是投資人只需支付一定的權利金，便能夠獲得未來某一段時間內買入或賣出某種股票、指數基金、商品或貨幣的權利。如果在期權到期時，市場價格有利於投資人，則投資人可以選擇行使期權權利，從而獲得更高的投資回報；如果在期權

到期時市場價格不利於投資人，則投資人可以選擇放棄期權權利，只損失已經支付的權利金。期權投資的優點是操作靈活、交易成本低等，可以以小博大。其缺點也很明顯，就是投資風險高，不適合非專業投資者。

以上八種是當下市場中大家都可以參與的理財管道，其中銀行理財、債券、基金、股票是最常見的幾個種類，而信託、外匯投資、期貨投資、期權投資不適合非專業投資者。

理財小白的蛻變，穩步進階不難辦

本書共分五章來具體講解銀行理財、債券、基金、股票的投資邏輯，把戀愛和理財相結合，讓大家輕鬆從理財小白成長為專業玩家。

第一章，我會講到如何挑選適合自己的基金，就像談戀愛一樣，與合適的人在一起很重要。從怎麼篩選基金公司和基金經理到債券基金和指數基金有哪些具體分類，對於基金小白來說這是首先要搞清楚的。

第二章，我會講到如何把握買賣基金的節奏，就像談戀愛一樣，再上頭也不能盲目地把自己交出去。從買老基金好還是新發行的基金好，到如何建構基金組合，才能在不同的市場風格中實現攻守兼備，以及為什麼持有優秀的基金可以止盈不止

損，這些問題在基金買賣中，都需要自己不斷尋找答案。

　　第三章，我會講到股票交易裡短線投機和長線投資的區別，就像談戀愛一樣，哪些人註定是過客，哪些人可能是歸宿。長期持有、慢慢變富，是一件很難的事，以十年為單位，在股市做到平均年化報酬率 10% 是件非常不容易的事情。但是如果踩對了一波市場行情，某一年要賺 50% 並不是難事，能長期保持優秀，比某個階段特別厲害要難很多，當然回報也會多很多。

　　第四章，我會講到股票交易裡最關鍵也最難做到的一點，就是「犯錯要承認，『割肉』要認真」，就像談戀愛一樣，坦然放下比勇敢去愛要艱難很多。股票交易是一件說起來容易但做起來困難的事，說它容易是因為它有自己的內在運行規律，只要我們抓住這些規律，賺錢就會比較輕鬆了；說它很難是因為我們的交易行為既受理性控制，也受情緒支配，而股票交易第一步是要養成嚴格遵守交易紀律的習慣，學會在個股走勢不及預期時果斷「割肉」。

　　第五章，我會講到可轉債和銀行理財產品，如果不願意承受股票的高波動，可以多多關注兼具債性和股性的可轉債以及被穩健投資者追捧的銀行理財產品。可轉債的本質是上市公司發行的債券，在未轉換為上市公司股票之前，都是作為公司負債存在的。可轉債規則在設立之初就留了「口子」，可轉債

融資的錢可以通過激勵投資者轉股來達到上市公司不還錢的目的。我們利用上市公司想把我們從債主變成股東的心理，就有可能從中獲取超額回報。

最後感謝一路支持我的讀者和新書編輯。沒有讀者們的支持，我無法堅持寫八年理財公眾號，積累不了這麼豐富的理財素材。沒有編輯的信任，我無法相信自己能寫一本以「談戀愛」做爲切入點的理財書，這本書是我 2023 年做的最酷的事兒。

最後想給公眾號「落英財局」的鐵粉說幾句真心話：也許有一天我不再做財經博主，希望這本書能給大家留下一點回憶，有一群人記得杜笑笑就好。我曾經給了你們一些陪伴，你們也是我的青春呢！

落英（杜笑笑）

{壹}
戀愛的前提
與「合適」的人在一起

愛上某人其實就是一種自我投射,明白自己的需求,通常便能少走很多彎路。投資理財的第一步就是釐清自己的「需求」。

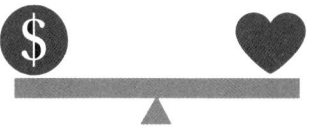

挑選「基金經理人」，就像找對象

如果說大學時代有兩道門坎要過，那大概就是學分被擋修和失戀。

學分被擋修這件事讓我們知道，不是所有 100 分的付出，都能得到 100 分的回報。努力很重要，努力的程度是可以自己掌控的；機遇也很重要，但是機遇是不由自己控制的。我們能做的就是付出 100 分的努力，若只獲得 90 分也屬人之常情，千萬別因此過度「譴責」自己，給自己一點喘息空間為上。

至於結果是 80 分還是 120 分，我們則要這樣看待：當結果是 80 分時不自責，別陷入遺憾的內耗中；當結果是 120 分時也別「自我膨脹」[1]，畢竟不是每次努力都會有溢價。

分數很重要，如何看待分數也很關鍵，畢竟後者可能就是我們終其一生的必修課。

　　至於失戀則是讓我們明白，愛情沒有好壞之分，但卻有「合適的愛情」和「不合適的愛情」之分。讀書時我特別喜歡一句話：「愛對了固然是運氣，但愛錯了那也是青春無悔……」，而這句話也適度地支持我熬過大二的那段失戀期……。

　　我至今還記得剛分手時那段灰濛濛的日子，無論何時何地，想到他就會哭：上課時會哭，坐公車也會哭。屏除那段時光，總覺得這輩子流過的眼淚，加起來都沒有那段時間多。而當時的我失去的不只是一段感情，更是曾經驕傲、倔強的自己。分手後曾經很長一段時間我都在想，是不是自己太驕傲了，不懂得體諒對方？是不是自己太倔強，明明很想挽留，卻總是不敢表達真正的心意？

　　直到後來，我遇到了現在的老公，歲月的磨礪讓我褪去稚氣，懂得適時撒嬌示弱，更明白勇敢說愛的好處。明白「感情不是PK（對決），沒有贏家和輸家」，也明白「愛要讓對方感受到的是，你的付出和理解。」

　　話說「合適的愛情」不僅是指遇到合適的人，也是指合適的自己在合適的時間，遇到合適的人。我們在買基金的時候也是這樣，要明確自己的投資風格，例如你更重視的是獲利還是

價格波動,是屬於價值型投資者還是成長型投資者。

至於要明白進場時機,擇時比較複雜,涉及基本面分析,我們會在後面的章節中具體講解,剩下的就是挑選出合適的基金和基金經理人。

選擇優質基金的五大面向

對新手來說,市場上有這麼多檔基金和基金經理人人可供挑選,眼睛都要看花了,選擇起來確實有難度。但即便如此,我還是想先建議大家思考第一個問題:坊間有哪些績優的基金值得我們關注?

其實在選擇基金時,可從以下五個方面來評估。

1.擁有良好聲譽的基金,方才值得信賴。簡單來說,基金評級就是一些專業機構對基金進行綜合分析、全面評價,為投資者提供風險提示及過往業績參考。我們可以通過基金評級和市場口碑來看信託或銀行機構的品牌聲譽,基金評級是指由基金評級機構收集有關訊息,透過科學定性定量分析,依據一定的標準,對投資者投資於某一種基金後所需要承擔的風險,以及能夠獲得的回報進行預期,並根據收益和風險的預期對基金進行排序。

**2.歷史悠久、資產管理規模較大的基金,往往更具實力和

穩定性。對於信託或銀行機構管理的基金規模走勢，需要關注的細節是它是否有太大的波動，以及管理的基金規模是否越來越大。如果基金管理的規模持續上升，就意味著這家公司的管理比較規範，效益相對較好，綜合實力相對較強。

3. 評估該檔基金過往的業績表現。儘管過去的業績不能保證未來的表現，但擁有長期穩定且良好的業績，意味著該基金具有較強的投資管理能力。我們可以拿屬意的信託或銀行機構旗下的基金商品的整體收益，與同類型的基金平均收益來做比較。例如可以分別對比它們在最近六個月、一年、三年甚至五年內的獲利成績，便可瞧出端倪。

4. 觀察基金的持有人結構。機構持有的比例可以在一定程度上反映一家信託或銀行機構的實力，機構持有的比例越大，說明專業人士對這家信託或銀行機構越認可。對於單一金來說，如果機構持有的比例大，足以說明這段時間機構比較看好該基金的投資邏輯。但由於機構對市場比較敏感，反應比較迅速，且進出市場很快，所以機構對基金淨值的波動可能會有較大影響。

5. 了解基金經理人人的績效情況。基金經理人人是一檔基金的靈魂人物，一檔基金最終是賺錢還是虧錢，很大程度上取決於基金經理人人的投資水準。好的基金經理人能讓我們賺得多，因此在基金經理人人的選擇上，要特別注意。

挑選基金經理人人的三大關鍵

那麼問題來了，我們該從哪些方面判斷基金經理人是否優秀呢？總體來看，有三個方面可以參考。

1. 基金經理人的投資經驗。一般來說，基金經理人的管理經驗在五年以上為好，有十年以上經驗更棒。厲害的專業背景往往意味著基本功扎實，如果還能擁有深厚的資歷和豐富的實戰經驗，那麼這類基金經理人所管理的基金，其長期獲利率肯定是不錯的。原因很簡單，基金經理人的基金管理從業年限越長，投資經驗越豐富，對不同市場風格的適應程度就越好。

雖然經驗不能當飯吃，但通常經驗豐富的基金經理人，在應對極端情況時會更加沉穩。尤其是經過牛熊週期洗禮的基金經理人，從長期來看，基金業績相對會更加平穩。

2. 基金經理人過往的業績。我們可以選擇任職以來投資報酬率高的，以及與同類基金相比。一般來說，可以選擇管理基金過往業績三年期排名、五年期排名都在同類型前 1／4 的基金經理人。衡量基金經理人獲利能力的指標，主要就是旗下基金的業績。雖然考察基金經理人的過往管理業績，並不能起到預測未來業績的作用，但是卻能起到很好的參考作用。

3. 基金經理人的投資風格。選擇基金經理人時，一定要選擇吻合自己投資風格的基金經理人。如果你是價值投資者，最

好選擇投資風格爲價值型的基金經理人。相反，如果你是成長型投資者，最好選擇投資風格爲成長型的基金經理人。你可以查看基金經理人的歷史資料、投資風格、基金行業配置、重倉股 2 等，這些資訊都可以通過協力廠商基金平臺、基金定期發佈的年報、半年報、季報等資料來查詢。

總括來說，經歷過一輪牛熊週期，並且管理一檔基金達到五年以上，業績表現相對較好的那些基金經理人，才是我們需要考慮的對象。選擇這類基金經理人旗下的基金產品，未來的長期獲利情況相對會比較好。

以上就是新手在購買基金時，篩選信託或銀行機構和基金經理人的方法。相比有些人在投資時，因爲「一時的漲跌，隨意切換賽道」，我通常更傾向於「術業有專攻」。要明白，耐得住寂寞，能夠熬過牛熊週期，方可賺到「認知」內的錢。

---

1. 網路流行語，形容一個人越來越驕傲。
2. 重倉是指某檔基金買進某類股，投入資金占總資金的比例最大，這種股票就是這檔基金的重倉股。

想把握幸福，請找尋「債券型基金」的亮點

　　基金的運作方式就是把錢委託給專業投資人，也就是基金經理人，讓其進行投資管理，從中獲得較高的投資收益。根據投資物件的不同，基金可分為貨幣型基金、債券型基金、組合型基金、股票型基金、基金中的基金（Fund Of Funds，FOF）、另類投資（Alternative Investment）等 1。

　　與風險較高的組合型基金、股票型基金相比，債券型基金風險相對較低、波動相對平穩，通常都被視為規避風險的投資利器。具體來說，債券型基金就是主要投資債券的基金。由於風險低，債券型基金主要投資於包括國債、金融債等到期還本

付息的債券;另一方面是由於費率低,債券型基金的申購費明顯低於混合型基金和股票型基金。但是風險低、波動小,這也意味著預期獲利相對較低,導致許多投資者看不上債券型基金這類「老實人」。

常見的債券型基金有哪些?

針對風險承受能力較低、對收益穩定性要求較高的人,以及手上有閒置資金、希望獲得高於銀行存款和貨幣基金收益的人,這群人希望透過穩健理財來完成資產配置需求,所以建議不妨重點關注債券型基金。

而坊間目前常見的債券型基金共有四大類,分別是:

1. 政府公債基金。集結已開發國家所發行的政府公債而來,投資風險相對較小,績效評等約在標準普爾評等 BBB 級或穆迪評等 Baa 級以上。

2. 投資級公司債券型基金。該檔基金多半會選擇較具公信力的企業所發行的債券,投資風險比政府公債來得高,但又比非投資級公司債券相對較低,績效評等多半多在標準普爾評等 BBB 級、穆迪評等 Baa 級以上。

3. 非投資級公司債券型基金。又名「高收益債券型基金」,該檔基金同樣是集結企業發行的債券而成,由於風險相較投資

級公司債券高，因此報酬率也較高，風險一般介於標準普爾評等 BBB 級、穆迪評等 Baa 級以下。

4. 新興市場債券型基金。該檔基金集結發展中國家的政府公債或公司債而來，由於新興市場不像已開發國家穩定，因此投資風險較高，一般介於標準普爾評等 BBB 級、穆迪評等 Baa 級以下。

影響市場利率水準的因素有很多，核心因素是央行的利率政策。此外還有銀行間同業拆借利率，同業拆借利率的降低往往意味著銀行的資金成本降低，說明市場將被注入更多的流動資金。同業拆借利率作為貨幣市場基準利率的指示燈，一定程度上也反映了資金成本和流動性水準。

債券型基金的投資風險

2020 年之前，債券市場都是剛性兌付的[2]，大家都相信債券不會違約，可是 2020 年以後，默契被打破了。相對於過去，如今安全的投資標的數量大減，降低獲利預期才能更妥善地控制風險。而這些風險顧慮，則往往具體呈現在兩大方面。

一是基金經理人的操作風險。不同的基金經理人對後市的判斷不同，對基金盈虧的影響很大。例如若某檔基金的可轉債，半年後股價漲到 6 元，那麼就會賺取 20 元，有 20% 的收

益。這時交易價格是 120 元，若該可轉債的基金經理人看空未來市場，認為未來行情不好股票會下跌，就可能賣出，實現獲利 20%。而另一名基金經理人可能認為目前 6 元的價格還低，上漲空間仍大，甚至有望漲到 10 元，選擇 120 元買入。

這兩名基金經理人的操作完全相反，肯定有人會面臨風險。若未來股價跌破 5.1 元，接手的基金經理人虧 15%，即（102–120）／120=15%。

二是贖回風險，可轉債畢竟是債券，如果遇到公司強制贖回就可能虧損。如果可轉債價格走高，達到符合條件的轉股價值，那麼上市公司會要求你限時轉股，否則就會被低價回收。上市公司強贖可轉債時，不是按照市價贖回，而是按照可轉債的面值贖回，支付少許利息。

對於新發行的可轉債，絕大多數在上市後都會上漲，這是可轉債打新風險小、容易賺的原因。但從歷史資料看，可轉債基金要比普通債券型基金收益高。當然它的風險也相對較大，不能當作普通債券型基金看待。

---

1. 是指非主流投資，有些甚至必須是屬於高資產人士、對投資研究相當熟練的人才能操作的商品，例如私募股權、私募信貸、避險基金等金融資產。
2. 意指基金商品到期後，信託或銀行機構須分配予投資者本金及收益一旦不能如期兌付或兌付出現困難，信託或銀行機構必須負責處理。

鑽石恆久遠，「指數型基金」也可以

　　有人用鑽石象徵愛情，因為鑽石意味永恆，指數型基金（Index Fund）也可以。因為指數永續存在，即便指數成分股中有退市或被剔出指數的情況，對整個指數的影響也很小。

　　基本上，指數型基金不做任何投資主觀判斷，更不用仰仗基金經理人選股，屬於完全追蹤某個指數並跟隨該指數漲跌的投資商品，無論獲利或虧損，都在享受與承擔整個市場的上下波動。例如美國的道瓊工業平均指數（Dow Jones Industrial Average，DJIA），最初編制指數時，其成分股只有十二檔，如今這十二檔股票已經都不再是其成分股了，但這並不影響該指數存在的意義。個股也許會消失，但指數將長存，這在一定

程度上可以降低投資的風險。

我曾經跟老公開玩笑說，跟我求婚時不要買鑽戒，把買鑽戒的錢拿去買指數型基金，不僅都代表永恆，指數型基金還能賺錢呢！而除了能永續存在，指數型基金的另一個核心優勢是能夠降低非系統性風險。

現代金融理論中的現代投資組合理論（Modern Portfolio Theory）認為，任何一檔股票都有兩種風險：一種是系統性風險，例如經濟危機等，會對所有股票產生影響；另一種是非系統性風險，例如經營問題、負面消息等，這也會導致公司股價下跌。

投資個股就要面臨這兩種風險，若是投資指數，則只需要承擔系統性風險，受非系統性風險的影響很小。投資組合理論認為指數投資最優，因為投資個股就會遇到「黑天鵝」，但是投資指數不會，股神巴菲特也經常在公開場合推薦指數。除此之外，投資指數型基金還有三大內部優勢。

1. 被動投資，比較透明。 指數型基金顧名思義就是追蹤市場的整體表現，而非將資金集中在單一個股或債券上。加上因為管理費用較低廉，因此可為投資人帶來更高的投資報酬。以特定指數，例如標準普爾 500 指數、納斯達克 100 指數（NASDAQ 100 Index）、日經平均指數（Nikkei 225）等為標的指數，並以該指數的成分股為投資對象的基金。通過購買該

指數的全部或部分成分股構建投資組合，以追蹤標的指數表現的基金產品。也就是說，它不需要基金經理人靠經驗選股，不受人為因素的影響，只需要跟蹤對應指數就可以，通常被認為是一種相對穩健的投資方式。

2. 交易費用較低。由於不用基金經理人靠經驗選股，所以指數型基金的管理成本要比主動管理型基金低很多。加上只要能完全跟蹤指數就好，交易次數較少，交易費用損耗也不多。隨著投資規模越來越大，投資指數型基金低成本的優勢將會越發顯著，規模經濟效應將日趨明顯。

3. 分散投資，風險較小。可將股票型基金理解為基金經理人購買了一籃子股票，屬於被動型的投資方式，代表基金經理人不會主動管理投資組合，但這未必是壞事。事實上，指數型基金的表現往往較主動型管理基金來得穩定，原因是它的投資範圍更廣，有助分散風險。

由於指數型基金買入的股票數量有很多，能起到分散投資、降低風險的作用，所以不用擔心買入個別股票會遇到「黑天鵝」事件。如果你能承受一定的風險和波動，但是又不想花時間和精力盯盤，那麼指數型基金就非常適合你。

總的來說，指數之間沒有所謂的好與不好之分，與基金經理人也沒多大關係，重點是要明確投資目的或投資方向。具體如何選擇指數型基金，下一節會講。

選擇「指數型基金」─看重「人品」也別忽視「家庭」

相信看過上一節，大家對指數型基金已經有了基礎的瞭解。接下來就來講一下最關鍵的問題，一般投資大眾應該如何選擇指數型基金呢？

關鍵有兩個環節，一是選好指數，二是選好信託或銀行機構。就像挑選戀愛對象一樣，除了看對方的人品，還要大致瞭解對方的成長環境和家庭成員。畢竟指數沒有所謂的好壞，但我們在投資指數型基金時，應儘量選低估值的指數。就像我們在買股票時，即便選擇績優股，但若進場價格過高，透支了該企業未來的獲利，這樣也是賺不到錢，更會導致投資失敗。

指數型基金的本質是「一籃子」股票的組合，在投資的時候也需要看估值的高低，支付過高溢價也會導致長期浮虧。雖然基金定投能攤低成本，但對投資報酬率的影響還是比較大的。大家根本沒必要花 200 元的價格買下只有 100 元估值的資產，因為省下的成本就是獲利。要想判斷所選指數是否被低估，可以用相對估值法進行判斷，參考指數的歷史 PE（本益比），最好選擇在低於歷史本益比中位數以下的區域進行投資。我個人建議，在低於 10 倍本益比時投資最安全。

同一個指數對應的基金，由於所屬信託或銀行機構不同，所以會成立多個指數型基金。而不同信託或銀行機構推出的指

數型基金，它們的差別主要在基金規模、跟蹤誤差和交易費用三方面，這些也是我們需要關注的地方。

1. 基金規模。基金規模本質上是看基金的流動性。眾所周知，主動型基金有一個「百億魔咒」，當規模大到一定程度時，業績很難表現出色，但指數型基金不存在這個問題。指數型基金的規模往往越大越好，特別是場內ETF基金，規模越大，流動性就越好。若是指數型基金規模太小，在賣出基金時就會缺少買盤，只能以更低的價格出手。一旦行情不好，出現集中申贖，就可能出現擠兌……。

極端情況下，若是基金規模連續一段時間低於某一標準，還將面臨清盤的危險。清盤不一定產生直接虧損，但可能浪費了前面已有的低成本份額，錯過最佳投資時機。

2. 跟蹤誤差。指數型基金能夠跟蹤指數，是因為它能夠根據指數的成分股和權重買入同樣比例的成分股。由於實際操作的一些客觀原因，指數型基金並不是嚴格按照標準來複製指數的，所以模擬指數的過程中存在誤差。例如指數型基金雖然持股部位很高，但不能滿倉，需要預留部分資金來應對贖回；大額申贖會導致指數型基金相對於指數的漲跌幅度被稀釋；指數型基金複製指數，在購買股票時需要支付佣金和稅費，因為有成本損耗，所以指數型基金的收益與指數收益也會有差距。若是遇到指數成分股停牌，指數型基金無法及時買入該成分股，

也會出現誤差。

指數投資者投資的主要目的是獲取市場的平均收益，而指數型基金的跟蹤誤差會直接影響投資報酬率水準，精確度是非常重要的一個標準。因此，最好選擇跟蹤誤差小的基金，最好不要超過4%。

3. 交易費用。指數型基金採用以權重為比例複製指數成分股的方式，省掉了選股、擇時、頻繁調節持股部位的管理費用，比主動型基金的交易費用省很多，如果對指數型基金進行長期投資，那麼成本損耗會降低很多。不過，即便是同一檔基金，對於不同信託或銀行機構的不同銷售管道而言，交易費用也是有差別的，我們要盡可能選擇低成本的買賣管道。

當然，手邊擁有一定資金量的資產配置可以這樣組合，但若資金規模不大，那麼建議最多買三到五檔基金即可。

「指數型基金」多不勝數，新手盲選策略報你知

很多人在買基金時，一頭霧水地看著市場上各式基金卻無從下手。哪些基金可以長期持有，哪些基金即便一直持有也不會賺太多錢，不少人都分不清楚。對新手來說，要想從這眾多基金裡面選擇能夠長期持有，並且還能不少賺錢的基金，的確是有一定的難度。

買基金的方法有很多種，我們不妨從以下三個面向來評估指數型基金的優劣：基本面、紅利指數和行業龍頭。

先說基本面，就像我們找戀愛對象時，要看對方的人品、收入、家庭環境等面向，投資一家公司也要多方觀察，包括基本面、資金控管、技術含量、政策和消息面等。而基本面就是

其中最重要的一環，簡單說，就是指公司的經營情況。畢竟指數型基金本質上是買入「一籃子」的股票組合，買股票說到底就是買公司的股份。所以我們需要瞭解公司的經營情況，判斷它值不值得投資。

公司的經營情況有很多指標，而基本面指數使用的策略就是通過營業收入、現金流、淨資產、分紅這四個指標來選擇優秀的上市公司。其中，營業收入是指公司賣產品或服務收到的錢，現金流是指公司多出來的現金。

營業收入只是計算產品被賣出去的時候收了多少錢，而生產產品和提供服務的成本是沒有計算的。現金流是指用收到的現金減去投入的現金後剩下的現金，是真正多出來的錢。為什麼說是多出來的錢，而不是賺到的錢？因為現金流還包括外部融資借來的錢，這部分只是多出來的錢，對公司的經營很有幫助，但不能算是公司賺到的錢。

需要注意的是，現金流和利潤不是同一件事，兩者是有區別的。很多公司看上去利潤豐厚，實際上並不賺錢，也就是現金流為負，例如環保業就是如此。此外還有一些公司看似在虧錢，但其實並不缺錢。例如亞馬遜（Amazon.com, Inc）在過去十幾年裡，年年虧損，利潤為負，股價卻大漲幾十倍，就是因為它的現金流非常好。

淨資產又叫股東權益。我們知道，資產是指未來可能幫公

司賺到錢的資源，例如廠房、設備、原材料、現金等，其中屬於股東的那部分資源，就叫淨資產。

分紅，簡單地說就是股息，是企業賺了錢之後拿出一部分來分給股東的錢。一個企業存在的目的就是通過銷售某種東西或者服務賺錢，最終把賺到的錢分給股東，所以營業收入、現金流、淨資產、分紅是代表一個企業經營成果的關鍵指標。就像在找結婚對象時，如果對方的工作成長性強，收入相對穩定，還有一定的專業背景和行業認可度，那麼就可給對方加分。紅利指數最大的特點就是所選股票的股息率高，分紅高。這也是紅利指數的投資策略，具體可從以下三方面來分析。

1. 高分紅意味公司現金流穩定，不缺錢。

2. 股息率高的公司，一般估值不會很高。要知道股息率等於股息與市值的比，也就是說，如果企業把當年的利潤全部拿來分紅，那麼股息率越高，企業市值就越低，企業的估值也就越低，表現最明顯的就是銀行地產股。

3. 分紅後通常會出現填權行情。例如假設一檔股票的合理股價是 10 元，當年分紅 0.5 元後，股價就變成 9.5 元。如果各種條件都不變，那麼第二年的合理股價應該是 10 元。這意味著這只股票的股價會從 9.5 元漲到 10 元。從 9.5 元漲到 10 元的過程就是填權行情。

填權之後投資者不僅可以拿到高股息，正股股價也相當於

沒有跌，這樣投資者就真正實現了獲利。而且高分紅的公司相對成熟、穩定，經過時間的沉澱，能夠長期保持高分紅的公司，基本也就剩下權重大盤股的公司了，就是我們常說的「大型權值股」。因此，若股市上漲，它的股票通常是托市的力量。若股市下跌，相對來說，它們也能夠對抗做空的力量，甚至可能在關鍵時刻成為救市的主力，逆勢大漲。

最後是選擇市場中各個細分行業裡的龍頭企業。就像我們找結婚對象時，如果對方在性格、學歷、顏值等各方面都比較優秀，那麼這號人物肯定搶手，是非常理想的結婚對象。延伸來說，給上市公司具體打分數的標準，就是看以下三個指標：總市值、淨利潤、營業收入。分數計算公式為：

分數＝市值排名×50％＋淨利潤排名×30％＋營業收入排名×20％

那麼，最終得分最高的前五檔股票就是成分股。總的來看，這類基金行業分佈很均衡，而成分股更具備以下三大優勢：

1. 該企業在市場上的認可度高。 舉個例子，提到「買插座、用醬油、喝白酒」這三件事情，你的腦子裡是不是已經浮現出了三個品牌呢？這就是龍頭企業的品牌效應，放在其他行業裡也是一樣的。最終體現在業績上就是，龍頭企業的毛利率，會比非龍頭企業高很多。

2. 上、下游議價能力強。 龍頭股往往在行業裡有很大的佔

有率,這使得其對上、下游的議價能力會更強。它們的現金流相比於行業中的其他企業會好很多,應對風險的能力也更高。

3. 企業穩定成長,不確定性偏低。一般企業要想持續成長,要靠突然生產「爆款產品」或踩對「市場風口」。但龍頭股的地位已成型,只需穩定經營就能帶來固定成長。經營能力決定發展潛力,龍頭股在經營層面就已開始碾壓普通企業了。

這類公司因為有核心競爭力,可以活到最後,而且隨著市場占有率的不斷上升,定價權更強,更容易賺錢。因此,大資金在參與市場的時候,首選選擇的就是行業內的龍頭企業,它們會獲得更多的資金青睞。而資金是推動股價上漲的核心,市場熱度越來越高,龍頭股自然也就水漲船高。在遇到股價調整下跌的時候,龍頭股通常也是跌幅最小的那部分,因為有強大的大資金在扛著,即使下跌後也很快會修復。

明白了這些道理,我們就可以知道,透過選擇龍頭企業組成的指數型基金,長期持有也會有相當不錯的收益。根據我的經驗來看,基本面指數型基金、紅利指數型基金和行業龍頭指數型基金可以多多關注,都是比較基礎的策略指數型基金。

最後提醒大家,基金投資是一項長期的理財行為,需要堅持五年以上時間,才能看到豐厚回報。買基金不適合短線投資,不太可能立刻看到賺錢效應,我們要根據自己的情況,謀定而後動。

{貳} 戀愛腦來搗亂 付出？收益？請你務必算清楚

愛情不能自我設限，更不可綁架對方。

一加一肯定要大於二，箇中道理就像投資理財，務必要做增「量」……。

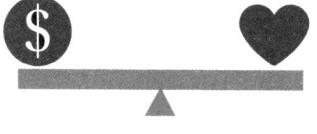

時刻保持清醒，買基金須慎選

在遇到我先生之前，我理想中的愛情故事是兩個人在一起，快樂要一加一大於二，在漫長的歲月中相互陪伴，一起從小朋友變成大朋友。我理想的伴侶有著少年的模樣，既浪漫且溫柔，願意在殘酷的現實世界裡陪伴我做一個晚熟的孩子。

但直到我先生出現之後，他徹底打破了我對未來伴侶的幻想，外表黝黑而且強壯，個性理性也務實，加上因為出生於商人家庭又幼年喪父，他始終有著一份與實際年齡並不吻合的成熟。換言之，無論是成長環境還是為人處事，我和先生兩人完全背道而馳，他根本就是我從未接觸過的男性類型。

剛開始談戀愛時，我經常提醒自己不要過早沉迷在愛情

裡，也做好了提前抽身離開的心理準備。由於他對我來說是完全陌生的男性類型，我不確定他是否能滿足我對另一半的要求，以及是否能真心接受我對未來生活的設想⋯⋯。

後來，我們磨合了快一年時間，我終於確定他是可以和我共同奔赴未來的對象。還記得老公曾經開玩笑地問我，從事金融業的女生是否都像我這麼理性？因為害怕遇人不淑，損失時間成本，更會隨時做好提前止損的準備？

我並不害怕損失時間成本，相反地，作為一個自覺是文青女的我，認為青春終究會逝去，所以只要按照自己的意願享受當下，這就不算浪費。我只是不想把感情花在不合適的人身上，傷人傷己。就像我在第一章裡面寫到的論點「沒有好的愛情和壞的愛情，只有合適的愛情和不合適的愛情」，我無非就是希望能夠等待真正契合的靈魂伴侶出現。

根據我以往的經驗來看，大多數新發行的基金，我都不建議搶購。除非你真的瞭解該檔基金的經理人到底有多厲害，或是真心認同該檔基金的投資策略，那麼自然可以適當地進場購買。

如果對新基金及其基金經理人沒有足夠的瞭解，那我建議你多觀察一段時間，看看基金上市後的表現如何，等個三、五個月後或者一年後再做決定。

新基金 VS. 老基金，身價比一比

正所謂：「易發難做，難發好做。」每當市場行情冷淡，投資者認購不積極，但這時很多投資者反而更能賺到錢。倒是當基金銷售大好時，市場往往已在高點。一旦追高，後來居上者很容易被套牢……。換句話說，新基金發行火熱往往就是市場的反指標。這時市場往往已開始過熱，處於階段性高點或即將達到階段性高點，不可不慎。

反觀新基金發行火熱時，主要的市場特徵是新基金發行數量特別多，發行規模亦特別大，但是為什麼會出現這種情況呢？主因即在於，一般人知道股市很賺錢，所以只要開始進場，往往就會快速增加市場的泡沫出現。此時，專業機構往往最清醒，等待市場過熱，它們就會把籌碼拋給散戶並迅速離場，散戶的資金量不足以繼續推高股價，慘遭殺跌踩踏的情況就會出現。接下來，我把新基金和老基金拿來做個對比，從以下四個面向來看看它們的差異，大家就會知道如何選擇了。

1. 詳閱「資訊披露」情況。老基金從資訊披露上來說，不僅有招募說明書，更有季報、半年報、年報。從中我們可以瞭解基金的重倉股有哪些，投資風格是怎樣的，尤其是既往的業績更是一覽無遺，這樣一來，我們在投資時心裡就會有數。相較之下，新基金能夠提供的公開訊息實在太少，通常能看到的

資訊不外乎就是信託或銀行機構的基金經理人、基金類別和招募說明書等等。

由於沒有歷史資料可以參考，我們在選擇基金的時候，基本上是以信託或銀行機構披露的資訊作為根據，很難形成自己的投資判斷。有時候，我們會遇到這種情況，在發行新基金時，信託或銀行機構會利用老基金的基金經理人來做宣傳。很多投資者看到老基金的基金經理人過往業績不錯，認為自己找到一個撿便宜的好機會，於是就會進場。但實際上這依然是一個高風險決策，因為已經不止一檔新基金出現過這種情況，那就是基金經理人所管理的老基金，業績或許很好，但他在投入新基金之後，表現卻不如過往⋯⋯。

此外還有更極端的情況是，好比發行新基金時，信託或銀行機構利用老基金的經理人名號來做宣傳，待一段時間後，就會再給該檔基金新設一個基金經理人。也就是說，這檔新基金其實是由新的基金經理人來管理，之前的經理人只是掛名而已，一切都是騙局。

2. 看淨值高低。很多人會覺得，新基金淨值 1 元，相對比較便宜。而老基金如果業績比較好，淨值可能漲到 2 元或 3 元，感覺比較貴。但實際上，我認為在選擇基金時，基金淨值的高低並沒有什麼特殊意義。

3. 確定「認購費率」的高低。新基金在認購期過後開放申

購贖回，而申購基金繳納的則是申購費。目前各家基金銷售平台的費用都不一樣，所以沒必要急著用高成本來認購，畢竟能省一點是一點。

4. 觀察基金的流動性，確定是否容易「贖回」。新基金通常都有一個封閉期，這期間是不能夠贖回的。如果新基金建倉剛剛完成就遭到股市暴跌，那麼淨值損失就比較大，投資者想贖回退出是不行的。但老基金便不存在這種問題，如果投資者想要退出，直接贖回就好。從流動性上來看，老基金確實比新基金更靈活。

加碼新基金的二大關鍵期

當然，凡事都沒有絕對，投資者除了認真比較並瞭解新基金的基金經理人是否專業，並且認同該檔新基金的投資策略以外，若遇到下面兩種情況，這也是適時進場的好時機。

1. 在大盤走勢不明朗或單邊下跌的行情中，新基金的優勢往往更大。股市有句行話，叫作「牛市選老基金，熊市選新基金」。原因是熊市新基金會跌得慢點。因為如果大盤走勢不明朗，新基金由於有三〜六月的建倉期，基金經理人通常會有較充裕的時間去做低檔吸納。反觀老基金已持有一定的股票，倉位靈活性往往就會差一些。

2.當某檔新基金的產品設計獨特，或更適合當前市場環境，這些新基金也值得考慮。例如當香港中小企業優選基金推出來的時候，投資者就可以結合當下行情。那麼問題來了，如果想買新基金，我們該怎麼挑選呢？

　　首先，**選擇專業的基金經理人是關鍵**。新基金沒有歷史業績可以做參考，沒有持倉資訊 明你判斷投資風格，所以要重視基金經理的投資能力。買基金這件事就好比你想請客吃飯，所以聘請一位名廚來幫你做菜，但菜色是否好吃便取決於這位廚師的功力。但是，買基金便不同了，基金經理人的重要性沒有那麼大，因爲這時取決的是要看指數本身的價值。

　　其次，**關注基金的投資策略**。市場的熱點板塊總在不斷輪動，通常一、兩年就會換手。如果你持有的新基金投資策略比較固定，那就需要做好熬過一個板塊輪動週期的心理準備。根據我個人的觀察，新基金的短期表現往往都不太理想，除非基金投資的範圍剛好處於市場的熱點板塊上，這才可能會有不錯的獲利表現。因此如果市場上暫時沒有符合需求的新基金，我依舊認爲，選擇老基金相對會更顯穩定。

首次買基金,「三點」不遺漏

記得自己第一次買基金時,曾聽到身邊很多前輩這麼說:「這檔基金很好,能夠跑贏大盤指數,賺取超額收益。」聽著聽著會感覺這檔基金似乎很有吸引力,但其實多數人並不清楚這句話究竟是什麼意思?

其實,深究後我發現一點都不複雜,這句話其實就是在說明,這檔基金追求的是基金的「Alpha(α)策略」[1]。一般來說,基金獲利由基金策略獲利、大盤上漲帶來的獲利、保留盈餘三部分組成,若用公式來理解就是:

基金獲利＝

Alpha（α）策略收益＋Beta（β）策略收益＋保留盈餘

其中，基金經理人透過選股，賺取超越市場獲利的收益，這個套利模式被稱為 Alpha（α）策略。Alpha（α）策略是主動型的操作模式，主要是看基金經理人的專業水準。最常見側重 Alpha（α）策略的基金是股票型基金，通常需要基金經理人依靠精選行業和個股來賺取超越大盤的收益，這也是基金經理人的價值所在。

而 Beta（β）策略，則是指大盤上漲帶來的收益，也就是市場水漲船高後取得的獲利。它是被動型的操作，與基金經理人的專業能力關係不大。至於側重 Beta（β）策略的基金，其中最典型的就是指數型基金，代表某一個板塊或行業的整體市況。而保留盈餘則是隨機變數，平均值為 0，我建議忽略不談。我接著再舉一個例子，大家應該就能更理解 Alpha（α）策略和 Beta（β）策略。

當基金經理人操作投資策略時，情況便相當於在一輛行駛中的火車上同向跑步。基金經理人的速度，等於車速加上基金經理人在火車上跑動的速度。也就是說，基金的獲利來源等於市場整體的漲幅，加上基金經理人的策略收益。火車的車速對於整個列車上的人來說都是一樣的，同理可證，整個市場的漲跌對於所有基金經理人而言，其作用與意義也是一樣的。

這裡所說的車速就是整個市場的漲跌收益，也就是 Beta（β）策略收益。基金經理人在火車上跑動的速度，則是要看個人能力，也就是 Alpha（α）策略收益。至於我們常說的選基金要看基金經理人厲不厲害，箇中原由就是因為基金經理人能帶來 Alpha（α）收益，這點相當不容易。不會選基金的話，最好買指數基金，目的是賺取市場的平均收益，也就是 Beta（β）策略收益。只要看準一個行業的大趨勢就能入手，不需要太多專業知識，也不用在意基金經理人的好壞。

　　我聽過一個很具象的比喻：Alpha（α）策略收益是肉餡，Beta（β）策略收益是包子皮。指數基金的收益都來自 Beta（β）策略，賣的是饅頭；主動型基金既有 Beta（β）策略，也有 Alpha（α）策略加持，所以賣的是有肉餡的包子。事實上，一般投資然連饅頭都吃不到，甚至還可能被當「韭菜」收割，這是很痛心的事。而且，重要的問題來了，購買基金時，我們該如何做選擇？

　　基本上，Alpha（α）獲利對應的是 Alpha（α）策略，Beta（β）獲利對應的自然是 Beta（β）策略。若你屬生性穩健的投資人，可以選擇傾向 Beta（β）策略的基金，就是做被動型投資，比如指數型基金。反之若你是積極型的投資者，想追求 Alpha（α）獲利，那麼不妨就選擇主動型基金。

基金淨值不是股價，不能等同看待

其實除了搞不清楚 Beta（β）策略和 Alpha（α）策略，很多人在第一次買基金時還會糾結在基金淨值的高低上。很多人看好某一檔基金，但如果基金淨值比較高，那麼就會開始猶豫不決。因為他們覺得淨值高的基金，在同樣的成本下，買到的份額會較少。而高淨值的基金，未來的上漲空間有限，根本不划算。

若你也是這樣想的，那可就大錯特錯了。因為基金淨值不是股價，不能拿買股票的邏輯來看待。基金淨值是投資組合的價值，而股價取決於人們願意支付的價錢，這當中根本就是兩回事。投資組合的價值是隨著基金所持有的股票、債券等資產的市場價格變動的，所以必須在每個交易日，對基金的資產淨值，重新按照公允價格計算才對。

基金淨值不存在偏貴或便宜的說法，重點是看報酬率。那麼，問題又來了，如何計算投資報酬率呢？

假如你在期初買進的基金，單位淨值是 1 元，期末基金單位淨值則是 1.1 元，那麼在不考慮分紅的前提之下，這段時間的基金報酬率為（1.1–1）／1×100%=10%。若期間有分紅，就要用累計單位淨值代替單位淨值來計算投資報酬率。因此，基金能否獲利賺錢，看的是單位淨值的漲幅，根本與買進時基

金淨值的高低,毫無關係。

我再舉一個更實際的例子。

老王有本金 10,000 元,投資基金的投資報酬率為 20%。老王買的 A 基金,初期淨值為 2.5 元,若不考慮費用成本損耗,則申購份額為 4,000 份,期末淨值為 2.5×(1+20%)=3 元,期末總資產為 3×4,000=12,000 元。

反之若老王買的是 B 基金,初期淨值為 0.5 元,不考慮費用成本損耗,則申購份額為 20,000 份,期末淨值為 0.5×(1+20%)=0.6 元,那麼期末總資產為 0.6×20,000=12,000 元。

不管基金淨值高低,只要淨值漲幅相同,最終的收益都一樣,與份額多少無關。很多投資人心裡會問,高淨值基金未來的上漲空間,是否有限?這純然就是「把基金淨值當作股價」的誤解。

對於股票,一般來說只要基本面不錯,價格越低,上漲潛力往往就越大,這是透過股票的內在價值決定的。由於股價下跌,促使其偏離內在價值幅度較大,也就意味著該檔股票被低估,值得投資,這時市場願意支付一定價格購買該檔股票。一般來說,股票價格低通常比價格高的上漲空間大,但基金淨值則不是這樣看的。基金淨值與投資者願意支付多少價錢無關,這是由基金經理人的經營績效和初始份額淨值來決定。基金淨值的高低,反映的是這檔基金賺了多少錢。淨值高,說明基金

經理人的投資能力強，獲利高，但卻又能以此作爲預測未來基金收益的準則。因此，判斷基金未來的上漲空間，關鍵還是在基金經理人的專業水準，而非基金淨值的高低。

基金「分紅」是陷阱，小心樂極生悲

以下這種情況，大家可能曾經遇到過：基金並未出現大額贖回，但淨值突然下跌不少，這是爲什麼？

發生這種情況的原因多半是基金分紅造成，也就是信託或銀行機構透過分紅，導致基金淨值變低，因爲累計淨值並未出現變化。那麼，問題又來了，什麼是基金分紅？基金分紅代表什麼意義？

基金分紅，是基金將收益當中的一部分，透過發現金的方式派給投資基金的投資人，這部分收益原是基金淨值裡的一部分。以下容我再舉一個例子。

當你持有一檔基金 10,000 份，買進時的淨值是 1 元，一年後，這檔基金淨值漲到 1.5 元，這時你的資產總值就變成 10,000 份 ×1.5 元／份 =15,000 元。此時，信託或銀行機構決定分紅，假設每份分紅 0.2 元，那麼你總共能分到多少錢？

10,000 份 × 分紅 0.2 元／份 =2,000 元

這時可能又有人要說：「這不是我從基金上賺到的錢嗎？」

我再續接上面的例子：

每份分紅 0.2 元後，基金淨值也會跟著降低，變成 1.5-0.2=1.3 元。

如果你選擇的是現金分紅，那麼你之後便會在銀行戶頭裡發現 2,000 元的匯款，而基金帳戶的資產總值就變成 10,000 份×1.3 元 =13,000 元，口袋裡的 2,000 元 + 帳戶裡的 13000 元 =15,000 元。

現在大家明白了吧，基金分紅並非真的讓你賺到錢，那只是信託或銀行機構「左手換右手」的伎倆，把原本屬於你的錢放回你的另一個口袋罷了，所以請牢記，基金分紅不等於額外紅利。

那麼，為什麼信託或銀行機構喜歡分紅呢？

一方面，基金分紅沒有贖回費用要支付，這是一大亮點。

另一方面，透過基金分紅可以證明信託或銀行機構的實力。畢竟既然有資格分紅，說明該檔基金的績效並不差，整體業績也亮眼。不管投資大眾是否獲利，信託或銀行機構都將因此得到「優質基金」的美名。

這時候，有人或許會覺得，基金分紅後導致淨值降低，那我到時再加碼買進，是否會更划算？

哈哈，天底下哪會有這樣的好事！基金收益與買進時的淨值高低，兩者關係並不大。要看買進後，單位份額淨值的漲幅

情況而定，漲幅越大，獲利才會越多。信託或銀行機構通常會有兩種分紅方式：一種是現金分紅，另一種是紅利再投資。

　　現金分紅就是給你錢，基金份額不變，但基金淨值會降低。紅利再投資，就是把本該分給你的錢，除以分紅之後的淨值，轉換成對應的份額，再放回你的基金帳戶裡。這種情況相當於信託或銀行機構幫你免去了申購費的再一次加倉。

　　此外還有一個好處是，紅利再投資沒有申購費，如果想要長期投資，不想拿回現金，那麼選擇紅利再投資比拿到現金後再申購能節省一筆購買成本。現在信託或銀行機構經常把分紅作為一種行銷手段來吸引投資者，因為新手往往認為基金分紅是一種額外的投資收益，分紅越高代表基金的收益能力越強。

　　相信看完這一章，大家應該就不會再被信託或銀行機構耍著玩了。

---

1. 是指個股收益與大盤指數收益之間的差值。Alpha（α）代表總風險扣除掉系統性風險之後，額外創造的超額報酬，而所謂的超額報酬，指的則是市場整體指數透過選股、擇時等方式額外創造報酬的能力。

避免單押賽道，相信「基金組合」的力量

投資人買基金時，心裡多半都有一個疑問，那就是選擇基金的標準很單一。簡單說，就是哪一檔漲得快就買進，如果看到明星基金經理人發行新基金，也會趁機去搶購。這樣一來，不知不覺間就買進了很多基金，有人甚至持有幾十檔基金，而大部分基金都是股票型或混合型的，持股相當集中，這就導致「踩」對行情時，基金漲得多，反觀若市場行情出現變化，基金就會暴跌，波動相當大。

由於很多投資人受不了這種波動，就會在利潤縮水或虧損時出場。短期雖然可能賺到錢，但長期下來可能賺不到錢甚至虧錢。而且這並非特例，因為大部分買基金的人都是這樣。

對新手來說，比較合適的操作手法是建立基金組合。不過很多人對建立基金組合存有錯誤觀念，認為只要買進幾檔或幾十檔基金（基金組合），就能獲得豐厚回報，然而實際上並非如此。我們建立基金組合，並不是以投資基金的數量多寡來判斷，而是要綜合考量持有人的投資目標和風險承受能力，然後制定合適的策略，進行配置。例如基金組合裡常用的一種策略叫「股債平衡法」，簡單說就是用五成倉位買進積極的偏股型基金，另五成倉位則買穩健的貨幣型基金或債券型基金，每年輪動一次。

這就是一個相對簡單且實用的基金組合。

「基金組合」的三大獲利關鍵

買進多檔基金是需要統一規劃後再下場買進的，不能像猴子掰玉米那樣全憑感覺而定。透過規劃和建立基金組合之所以能獲利，主因是建立基金組合具備以下三大優勢。

1. 分散風險。多檔基金構成的組合，能避免單一基金下跌帶來的風險，同時參與捕捉多個機會，在控制風險的基礎上獲取相對均衡的回報。例如 2020 年買進跨足民生消費、生技醫藥領域的基金，等到 2021 年時，這些基金並未上漲，而綠能、光電、晶片代工領域表現相對亮眼。這時如果持倉原則不變，

那麼 2021 年你的基金獲利應該不會太好，因為你「踩」空了行情。

2. 買、賣點有依據，相對專業。我們建立基金組合，是按照一定的投資策略進行的。什麼時候該買基金，什麼時候該賣基金，都要根據提前制定好的策略來操作，而非隨心所欲地全憑感覺而來，這樣方可避免追漲殺跌。

3. 輕鬆省力，門檻低。只要我們選擇適合自己的基金組合策略，就能直接「上車」，不需再研究太多市場行情、基金選擇方法。因為我們的目的很簡單，只要長期來看能賺錢就好。這種投資方式可以為自己省下很多時間，可以再用來做擅長的事。想要建立基金組合，首先要瞭解基金組合有哪些分類，按照投資標的物的劃分，基金可以分為股票型基金、指數型基金、組合型基金、債券型基金、貨幣型基金等。它們有不同的風險收益特徵，其中股票型基金和債券型基金的風險，主要來自股票市場和利率市場的波動，而貨幣型基金主要是投資國債和銀行大額存單等，基本上都不容易虧錢。

總體來說，偏股型基金風險最高，預期收益也最高。其次是債券型基金，風險和收益較為平均，而貨幣型基金的風險和收益則最低，所以我們建立的基金組合，基本上可分為以下兩個層次：

第一，在不同類型的基金之間進行組合配置，儘量選擇相關性較低的不同基金品種，才能有效分散風險，充分獲利。

第二，在基金的投資風格上做再平衡，進一步降低風險，鎖定收益。

「基金組合」的三大獲利模式

而在這個大的投資策略框架下，我們可把基金組合的形式再具體分為三種模式。

1. 啞鈴式。 意即將兩種獲利風格與特徵迥異的基金組合起來，例如股票型基金＋債券型基金。它的優點在於基金組合結構簡單，不僅可以控制投資風險，維持穩定的投資收益，加上由於基金數量較少，管理相對方便，適合剛入門的投資人。

2. 核心──衛星式。 這是相對靈活的基金組合方式。組合中的「核心」部分，主要選擇長期業績優異並且較為穩健的基金，「衛星」部分則選擇短期業績突出的基金。這樣既可保障基金組合的穩健增長，無須頻繁調節部位，又能滿足投資大眾靈活配置的需求，一舉兩得。

3. 金字塔式。 對於有一定投資經驗的投資人來說，金字塔式的基金組合可謂最為靈活。在金字塔的底端配置穩健的債券基金或貨幣基金，在腰部配置能夠充分享受市場收益的指數基

金，最後則在頂端配置進攻力道強的成長型股票基金。此外還需要根據自己的投資目標和風險偏好，確定金字塔各個部分的投資比例，進而獲得較高的收益。

總括來說，啞鈴式組合最簡單，適合一般投資大眾，尤其是喜歡基金定投的投資者；核心－衛星式組合相對較困難，投資者需要對「核心」基金的篩選具有一定的判斷力；最後是金字塔式組合，操作最困難，但主要特點是靈活性強，同時也很考驗投資人實際操作的能力。

明白基金組合的模式，我們又該如何配置適合自己的基金組合呢？

1. 確定預期的投資報酬率。對於不同的組合類型，具體的策略各不相同，我們需要根據自己的情況來選擇，具體有以下三個方面。

投資期限：明確自己的資金可投資的時間。試想，如果組合計畫投資期限為三年，而你在半年後需要用錢，並且正好趕上組合表現較差之際，那麼這時怎麼辦？我想應該只能被迫賣出，「割肉」離場了。

投資目的：你是打算做中長期儲蓄，存退休金？還是追求較高收益？投資者要根據投資目的，配置相對應的基金組合。

可承受的風險：你投資的基金組合，需要在風險承受能力範圍內，否則基金組合若遇上短期的大幅回撤，恐怕會讓你寢

食難安。

透過衡量以上三方面的情況，我們就能明確想要的預期報酬率是多少，能接受的最大虧損又是多少。

2. 確定股票倉位。想要提高收益，就必須加入以股票為代表的風險資產，偏股型基金是高收益、高風險的類型。如果基金組合的預期年化報酬率是 10%～12%，則建立基金組合的持股部位不宜低於 80%；如果預期年化報酬率是 8%～10%，則持股部位可調降到 60%。

3. 挑選基金組合。在確定需要的持股部位後，就可以開始建立基金組合。

講到這裡，我們對建立基金組合就有了大概的瞭解。可能有人會問，打造好基金組合後，我們該如何動態調整呢？

對投資者來說，會買的是徒弟，賣對的才是師傅。實際上，最簡單的方法是以「年」為單位，時時做動態再平衡。附帶一提的是，還有一種特殊情況，即在股市發生大的震盪的時候，投資者需要動態調整基金組合。例如當基金業績或者我們的投資目標發生改變時，投資者應該調整投資的基金組合。以上兩種情況，是比較適用的基金組合調整策略，新手投資者可以試試看。

買基金就像談戀愛，四大「陷阱」別硬闖

我的同事大媛是全公司的「戀愛導師」，只是很可惜進了一家財經自媒體公司上班，互聯網上從此少了一位優秀的網紅。我曾在社群平台上向大媛取經，向她學習到了四大戀愛「雷區」。

第一個「雷區」，**只關注對方近期的生活，過往的經歷一概不知**。戀愛中的人往往擅於偽裝，若用現在流行的說法就是，幫自己創造一個「人設」。但是一個人的過往經歷是真實存在的，是偽裝不了的，而這也能反映這個人最真實的樣子。所以我們想瞭解對方過去的生活經歷，不是為了窺探他人隱

私，而是想確認自己能否接受對方真實的那一面。

真正的愛情並非始於「我愛你」，而是從雙方卸下偽裝、坦誠相見後才開始。

第二個「雷區」，**付出卻不止損，一味相信對方會變好，放大沉沒成本**。愛一個人需要勇氣，決定不再愛這個人則更需要勇氣。可是大多數人往往在拿起時花光勇氣，待想要放下時就渾身無力了。你要明白，當你再三糾結並依然很想放下的那一刻，你的愛情往往就已宣告結束了。多停留一秒，遇見對的人就會晚一秒。

第三個「雷區」，太早給情人「判死刑」，**不合適就想換，總不願磨合**。我認為，戀愛關係的破口是因為摩擦而產生嫌隙，然後兩人慢慢修復它，這才是深層關係的開始。如果雙方從未出現過意見分歧和矛盾，這個戀愛關係將永遠只能停留在表面，難以深入心底。拒絕直接面對意見分歧、解決矛盾的人，肯定是並未打算建立的親密關係的。他們經常會用自設的框架來衡量他人，一旦發現不符合標準，隨時都會轉身離開。

表面上看，這樣做避免了衝突和耗損，但實際上他們並不打算為戀愛關係投入更多，也不打算為了對方而適度地改變自己。這也是他們最可怕的地方，感情一旦出現問題，只想換人卻不願「修理」，不願坦誠經營一段關係。結果就是「前任」（指前男友）一大堆，讓自己越來越不相信愛情。

第四個「雷區」，**把「擇偶標準」設死，不敢嘗試新類型**。因為他們要的是現成的、量身定做的戀人，不用勞心費神，性價比極高。但這個世界上根本不存在完全契合的另一半。真正適合的伴侶是需要在磨合中逐步確認的，畢竟一開始可能與先前設想的類型，完全不一樣。

看完大媛的總結，我發現談戀愛的四大「雷區」，根本就與買基金的四大「雷區」十分相似。所以我把買基金的四大「雷區」列出來，請大家對照著看，肯定會發現特別有意思。

第一個「雷區」，**買漲不買跌，只看排行榜選購**。許多投資者往往只敢在股市上漲時購買基金，在股市下跌時就會猶豫不決。其實歷史已經多次證明，很多時候，股市下跌時才是購買基金的好時機。在市場處於低位時買入，虧損風險反而更小，長期來看，獲利也會更多。同時，投資者可以利用基金特有的定投功能，在低位時一點點買入，等到牛市來臨的時候，收益將會遠遠超過那些追漲的投資人。

很多人在買基金時還有一個誤區，就是看排行榜買基金，根據三個月、六個月的短期業績排行榜買基金。短期內業績漲幅較大的基金，基本上都是剛好押中了當前熱門的板塊。現在賺錢代表的是過去，未來可不一定賺錢。如果後面市場風格不切換，這些基金的表現會一直很好。一旦市場風格切換，這些基金在排行榜上的跌幅往往也是最大的。

不過即便如此，長期的業績排行榜依舊是有參考價值的，比如近三年、近五年的業績。如果這些基金的長期業績都很突出，預計未來也不會太差。因為足夠長的時間跨度，意味著基金經理人經歷過多次的市場風格切換，在不同情況下，該檔基金還能保持較高的收益，足以說明基金經理人很專業，由他管理基金值得買進。

　　第二個「雷區」，**基金要長期持有，無須設立停損點**。我們常聽說「基金止盈不止損」，除非是基金種類不適合自己或基金經理人的績效欠佳，一般情況下，基金是不需要止損的。因為股市有週期，需要長期投資，一般來說五年時間比較好。即便是基金買到階段性的高點，耐心持有並等待下個週期的到來，往往也能賺到錢。而基金經理人會根據市場行情調整持股，使基金淨值不斷升高，賺取可觀的收益。

　　但是，這裡說的「止盈不止損」指的是優秀的基金，也就是說，我們買的基金要靠譜，並非所有的基金都適合「止盈不止損」。如果你買的基金質地不好，一直買一直虧，那就應該及時止損，換買優績效佳的基金。否則不僅虧錢，還嚴重浪費了時間成本。例如有的行業板塊長期走低，未來走勢也沒啥希望，這種板塊裡的基金就沒有必要繼續持有。如果基金經理人管理水準比較差，很難在未來獲取超額收益，你就要重新審視這檔基金了。

長期持有是一種投資邏輯，但也沒有必要死守。

第三個「雷區」，**基金可像股票一樣短炒，買進數量越多、越分散，結果越好**。投資基金確實可以進行一些適當的波段操作，但不適合頻繁做波段。一方面是因為基金在申購及贖回的時候，會有一筆手續費，恐會造成損失；另一方面是因為一般投資大眾的擇時能力多半較弱，不適合利用基金來頻繁操作。

很多人因為喜歡短炒，買了一堆基金被套住，還安慰自己是在分散投資。我們常說不要「把雞蛋放在同一個籃子」裡，很多人確實買了多檔基金。但仔細看都是偏股型基金，甚至是同一個主題的基金。數量上的分散並不等於投資上的分散，基金經理人的季報裡，在資產組合情況一欄上便會有各類資產明細。這裡的資產不是說買了多少檔股票，因為股票就是同一類資產，都受股市的影響。資產的分散是指大類資產品種的分散，例如股市、債市、大宗商品、黃金等，它們都有對應的基金類型。

簡單說，買進更多的基金而且是同一類基金，這不能算是分散風險。

第四個「雷區」，**不買新基金，費用高**。有句話叫「牛市選老基金，熊市選新基金」。牛市裡的老基金，持股部位較高，能夠跟上市場的漲幅。熊市裡新基金持股部位較低，能夠以更低成本買到股票，等待之後的反彈。也就是說，買「新」（新

基金）還是買「老」（老基金），其實與市場行情有關。不過新基金募集需要時間，再加上封閉期、建倉期都需要一定的時間成本，故而在認購費率上也要高於老基金才行。

　　是否買進新基金，其實要結合市場行情、時間成本、流動性和費率情況綜合考慮，絕對不能「一棍子打死」。

{參} 做一個戀愛中的「心機女」永遠掌握「主動權」

拒絕無效付出和自我催眠，策略永遠大於努力。

愛情需要用心經營，理財也是⋯⋯。

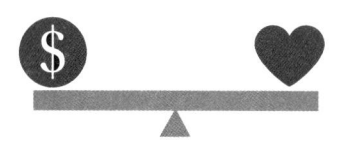

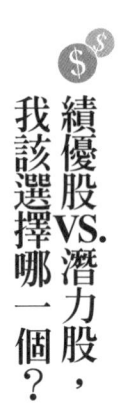

績優股 vs. 潛力股，我該選擇哪一個？

在遇到讓你心動的投資標的之前，我們常常會糾結，到底選擇「績優股」還是「潛力股」？

「績優股」多半已處於事業上升期，其他各項條件都很不錯，他們對個人前途相當看好，對另一半往往也有較高要求，想要真正打動他們，往往需要機會和時間。反觀「潛力股」通常才剛處於事業上升期，這時若有一個人在他還沒大爆發的時刻便堅定地站在身邊，未來自然有機會共享富貴榮華。

但反過來說，他也可能一直「沉潛著……」，未來升值空間並不大。

而在找另一半這件事情上，我和老公可能就是做出了截然

不同的選擇。

還記得在我遇到老公那時，他還只是事業剛起步的科技新貴，沒房、沒車、沒背景。而我當時則因為趕上了自媒體的紅利，已是小有名氣的財經網紅，收入大概是他的五倍以上，身價也足夠我在大城市裡買房。

遇到我先生之前，自己找另一半的條件是一定要能與我並駕齊驅，幾乎是按著找競爭對手的標準在擇偶：有時甚至覺得對方最好方方面面都壓過我，這樣方能時刻激發自己的勝負慾，很難接受在事業方面過於「女強男弱」。

但真正開始與老公交往之後，我發現他會在我工作疲累時給我一個肩膀靠一靠，在我咄咄逼人時擔心我會受傷，或是在我焦慮不安時拿出他的全部存款讓我安心。不會因為我的過度強勢而疏遠我，反而心疼我為什麼要活得這麼辛苦？記得在我工作壓力最大的那一年，老公給了我他能做到的全部支持。我也因為感受到他的付出，一路陪伴他從產品經理熬到產品總監，從租套房居住直到買下了自己的家。更可喜的是，無論在買房還是結婚這件事上，我們兩人從來沒有因為金錢而有過意見分歧的時候。

其實男女雙方在談戀愛時，無論對方是「績優股」還是「潛力股」，我始終相信真誠對待和用心陪伴，是通往幸福的唯一途徑。有時若算計得太多，反而會繞一個大圈子，徒勞無功。

做「價值投資」，買「大型權值股」

同理可證，若將此放在投資觀念裡來看，不管是看財經媒體的股評還是看券商的研究報告，我們經常會聽到潛力股、大型權值股、龍頭股、成長股等專業名詞。例如很多明星基金經理買股票，他們常用的一個說法是要做「價值投資」，一定要買「大型權值股」。

簡單說，大型權值股就是那些在其所屬行業內佔有支配性地位、業績優良、成交活躍、紅利優厚的大公司的股票，例如獲利長期且穩定增長的、大型的傳統工業股及金融股等皆是。市場公認的大型權值股，是指業績穩定、流股盤和總股本較大、權重較大的個股。這類股票通常價位不見得親民，但群眾基礎穩固，更可能是「國家」護盤的主要標的物，往往可以達到四兩撥千斤的作用。

至於判斷什麼股票屬於大型權值股，則看下面兩個條件。

1. 企業長期穩定增長，是大型、傳統工業股及金融股。

2. 業績優良、收益穩定、股本規模大、紅利優厚、股價走勢穩健、市場形象良好。

符合上述兩個條件的股票，多半就是大型權值股，是指長期績優、回報率高並具有較高投資價值的股票。因其有關的資訊已經公開，業績較為明朗，同時又兼有業績優良、高成長、

低風險的特點，因而具備較高的投資價值，更容易受到投資大眾青睞與看好。

具體來看，大型龍頭股通常具備以下四個特點。

1. 各項資訊皆透明。龍頭股的業績題材等相關資訊明朗，為市場所共知，市場表現大多為持久的慢牛攀升行情。

2. 業績表現優異。龍頭股通常有著優良的業績，較高的分紅能力，能給投資者帶來相對穩定豐厚的回報。龍頭股的每股盈餘、淨資產值投資報酬率和每股淨資產值均較高。

3. 持續穩定成長。上市公司穩定持續的增長期限越長，對企業越有利，龍頭股的增長性，體現在主營業務收入增長率和淨利潤增長率等指標，上述指標的表現多半持續穩定、增長。

4. 低本益比。龍頭股集市場期待的高收益、高成長、低風險於一身，儘管有時其絕對價位不低，但相對於公司高成長的潛質而言，股價還有較大的上升空間，具體表現為本益比的實際水準，相對較低。

所謂潛力股，就是相對於它們的現有收益，股價被低估的一類股票。這類股票通常具有低本益比、低股價淨值比、高股息的特徵，投資這些股票主要受惠於公司脫困後的估值回升。一般來說，這類股票多出現在大型權值股和龍頭股裡，所以我們所接觸到的價值投資理念，就是在大型權值股和龍頭股裡，選擇被市場低估的個股。

逢低進場，專注「價值型投資」

投資潛力股，一般就是在價格低於其內在價值時買進，待價格回歸且能夠充分反映價值時再賣出，從中獲利。美國投資大師班傑明・葛拉漢（Benjamin Graham）的煙蒂投資法，就是價值投資較早的著名例子。

煙蒂投資法的核心理念就是注重投資的安全邊際，即低價格、低估值，對公司的品質以及所處的行業要求不高。後來巴菲特把價值投資做了延伸，就是投資那些基本面優秀、業績增長穩定、分紅高的優質企業，獲取公司每年的分紅收益，也叫價值投資。

那麼，應該怎麼選擇這類公司？簡單說，要滿足以下幾個條件。

1. 低本益比（Price-to-Earnings Ratio，P／E ratio）。本益比顯示了投資者需要支付多少錢才能獲得每一元的回報，藉由本益比判斷股票價值是否被高估或低估。

2. 低本益成長比（Price-to-Earnings Growth ratio，PEG ratio）。本益成長比為投資者提供了更全面的估值視角，不僅考慮了當前盈利狀況、企業的市場價格，還將未來五年的盈利增長率納入考慮，更好地反映了企業的增長潛力。

3. 高股東權益報酬率（Return On Equity，ROE）

4. 低股價值比（Price-to-Book Ratio，P／B ratio）

5. 低負債權益比（Debt-to-Equity Ratio）

6. 高股息收益率（Dividend Yield）

7. 高流動比率（Current ratio）

如果能滿足以上幾個條件，那最好，如果不能滿足，那麼可以把標準稍微放寬一點。市場一直在變化，我們需要做靈活調整。成長股則是相對於潛力股而言的，並沒有統一的定義。有一種比較普遍的觀點是，成長股是指具有高收益且本益比、股價淨值比傾向於比其他股票高的一類股票。也就是說，成長股投資對公司的營業收入、利潤沒有要求，但是對營業收入、利潤的增速有較高的要求。

年均複合成長率（CAGR）要穩定在一定數值以上，才能被稱為成長股。舉一個簡單的例子，成長股就像剛進入新訓中心的菜鳥運動員，經過持續的系統性訓練後，無論是體能、技巧還是比賽成績，對比之前都會有較為明顯的增速。但要尋找一名優秀的成長型選手是很難的，在不斷擁擠的賽道上，成功往往只屬於小部分人。所以投資成長股，是由於相信企業未來價值能快速增長而買進，待未來價格大幅上漲後賣出，從而獲利。我們常說的投資新興企業，就是比較典型的成長股投資。

我們在選擇成長股時，需要考慮以下五個因素。

1. 企業要有成長動因。這種動因包括產品、技術、管理及

企業領導人等重大生產要素的更新，以及企業特有的某種重大優勢等。

2. 企業規模較小。小規模企業對企業成長動因的反映較強烈，資本、產量、市場等要素的上升空間大，因而成長條件較優越。

3. 行業具有成長性。有行業背景支持的成長股，可靠性程度較高。

4. 評價成長股的主要指標，應為利潤總額的增長率，而非每股盈餘的增長水準，因為後者會因年終派送紅股而被攤薄。

5. 成長股的本益比可能很高，這是投資人預期的好結果。

成長股的高價位有利於公司的市場籌資行為，從而反過來成為成長股成長的動力。我們在選擇成長股時，主要看以下三個指標。

1. 毛利率。毛利率低的公司不適合進行成長股投資，大部分公司的毛利率很低，但發展卻很好，這主要靠的是規模優勢。當企業規模發展到一定程度時，它的成長速度必然會下降，這不符合我們投資成長股的邏輯。

2. 股本。股本越小，擴張空間越大，成長潛力也越大。例如2021年，市場更熱衷於炒作成長股，這並不是說我們要參與炒作，而是要我們在投資成長型企業靠獲利增值賺錢的同時，順便把估值上漲的錢也賺了。

3. 淨資產投資報酬率。淨資產投資報酬率可以理解為賺錢能力，它可以衡量一個企業的獲利能力。通常來說，我們選擇成長股要求淨資產投資報酬率至少在 10% 以上，不過市場一直在變化，我們也需要針對具體情況進行具體分析。

潛力股、大型權值股、龍頭股、成長股只是從不同面向來對股票進行分類，並非對立的兩面，有時候是可以相互轉化的。例如傳統行業中獲得低估值的價值型公司，也可能有比較高的獲利增速，成為投資者青睞的成長股標的。相反地，新創產業裡也可能有符合低估特徵的標的，一樣可被稱為潛力股。

大家常常會將潛力股和大型權值股混為一談，但並非所有的大型權值股都會被低估，兩者不能畫上等號。此外，大型權值股雖然底子好，但也並不是所有大型權值股都具有很高的投資價值，這也是新手常常會困惑的地方。不管是潛力股還是成長股，能符合對應篩選標準的股票，都是可以考慮入手的股票。入手（股票）後，堅定地陪伴這家公司成長，一起做時間的朋友，靜待花開。

景氣循環股 vs. 概念股，越危險越是心癢難耐……

　　從事財經網紅多年，我始終會跟讀者強調，新手更適合買潛力股和成長股，景氣循環股可在理解行業邏輯的前提下，適當參與。至於概念股，則請菜鳥們儘量遠離，能賺錢固然好，一旦稍有不慎，虧起來可能會讓人終生難忘⋯⋯。

　　景氣循環股就像一個情場浪子，雖然不靠譜，但還算不上是個「渣男」。人生的出場順序很重要，好比你看準時機出場，也有機會等到浪子回頭。而概念股則完全就是「渣男」一枚，慣於使用花言巧語來撩撥芳心。一旦把人騙到手，他對你的愛很快就會結束，把你留在原地，錯愕傷心。

　　景氣循環股之所以叫景氣循環股，主因在於經濟存在週

期,行業存在週期,該行業的產品亦存在週期,而這個週期會表現在產品價格上。也就是說,經濟的一輪週期包括蕭條、復甦、繁榮和衰退四個階段。

當經濟蕭條時,市場需求弱,週期性產品供大於求,導致價格處於低位,相關公司業績也處於低點,甚至是虧損狀態。當經濟復甦到繁榮,市場需求開始上升,週期性產品逐漸供不應求,導致價格開始上漲,相關公司業績不斷好轉,獲利持續擴大。因此,景氣循環股往往在一段時間內,股價漲得特別瘋狂,待一段時間過後,股價便會持續走低,例如鋼鐵、塑化類股,就是典型的週期股。它們往往兩三年不漲,一漲就讓人驚駭到掉下巴。

如何買進「景氣循環股」?

市場對景氣循環股有個說法,叫作「平時不開張,開張吃三年」。那麼問題來了,針對景氣循環股,我們該如何投資呢?

簡單地說,可以從以下四個方面入手,這四個方面其實是檢驗景氣循環股投資機會的四大要件。如果一檔股票能夠同時滿足這四個條件,多半就是好機會,值得重點買進搏一搏。但如果其中幾個條件都不太符合,那你可能就要仔細想想,這到底是機會還是陷阱了。

1. 產品價格處於史上相對較低的位置。

2. 行業生存狀況惡劣。具體表現為中小企業大量退出，行業龍頭的獲利能力有所下降，甚至面臨虧損。

3. 產品本身（週期性產品的市場需求），須具備足夠的剛性，不能是「被替代性」很強的產品。這部分具體可分為兩點，一是不能因為技術更迭，需求就消失了。就像曾經風行一時的膠捲，如果擺在你面前的是這類需求，那麼這很可能是即將被徹底消滅的景氣循環股，再便宜都不能買，因為它應該不再有上漲的那一天。二是最好沒有替代品，比如染料，不管價格上漲還是下跌，下游的服裝代工廠都只能買你的產品。

只有這種剛性需求，才能支撐企業扛過週期低點，等到否極泰來的那一天。

4. 要有一個買進契機，這決定了你的進場時間。

透過以上四點可以判斷，擺在你面前的是不是機會，值不值得參與。如果選擇的股票不符合條件，說明根本就不是機會，不用浪費時間，直接忽略就行了。但如果選擇的股票符合以上四個條件，說明機會很大，值得參與。

不過究竟該什麼時候參與，其實還是沒有答案。就像是想讓浪子回頭，一定得看準時機才行。如果太早出場，由於他還沒玩夠本，所以只會浪費你我的時間。

「概念股」，致命的情人？

若說景氣循環股屬於「越危險越讓人心動」的股票，那麼概念股就屬於「越危險越『不能』心動」的股票，奉勸新手們千萬不要碰。股市經常會傳出利多消息，這些消息雖能刺激相關產業的股價上漲，但事後相關產業的業績並未因此增長。股價上漲只是因為投資人對消息產生朦朧的預期，認為以後或許會讓該公司的業績增長，這就是概念股。

對於概念股來說，短期看好，股價波動大，利多一來就漲停。但長期看，其實並無持續性，往往最終又回到起點，有持甚至會一年不如一年。

為什麼會出現這樣的情況呢？

原因很簡單，主要是沒有業績的支撐，股價上漲是利多刺激的情緒推動而來，人的情緒來得快去得也快。今天愛你愛得死去活來，明天睡醒可能對你就沒感覺了，這無疑就是一個「渣男」。

我非常不建議新手參與概念股投機。因為概念股波動既大又快，操作難度高，並不適合一般人參與。當我們忍不住追進時，往往都是給別人出場的機會，你則是成為名副其實的「韭菜」。就算偶爾投機讓你真正賺錢了，但細究之下，吃虧的比例應該比賺錢要高，長期來看並不划算。

市場風向大轉彎，「時間的紅玫瑰」還香嗎？

從 2021 年到 2023 年，大型權值股、龍頭股走勢低迷，反觀題材炒作越來越熱。很多投資人相當鬱悶，總愛問：「價值投資已經不靈了嗎？」、「只有玩短線、炒作題材才能賺錢嗎？」

實際上，這是兩種不同的投資邏輯，價值投資一直都可以做，題材炒作在過去這些年也一直存在，只是最近這兩年，炒作題材是市場為數不多但賺錢效應還不錯的選擇，因此顯得格外亮眼。但對於大部分投資人來說，題材炒作的難度要比投資大型權值股、龍頭股高很多，能在這個領域賺錢的其實是少數。

接下來我們來談談，為什麼大型權值股、龍頭股這兩年走勢低迷，賺錢效益不太好？要想明白這個問題，就要知道價值投資的原理是什麼？

大型權值股、龍頭股的股價是不斷波動的，但是它們的波動比較有規律，可用一個具體的比喻「遛狗理論」來解釋：

有一個人帶著小狗在街上散步，小狗有時跑到前面，一下子再跑回主人身邊，甚至還會跑到主人身後東聞西嗅；但當牠跑太遠，快看不到主人時，小狗又會折返回來……。

整個過程，這隻小狗就這樣反覆地圍繞在主人身邊跑來跑去。最後，這個人和小狗同時抵達終點，男子悠閒地走了一公里，而狗卻跑了四公里。

放到市場來看待，這個人即代表企業的內在價值，而小狗則是股票的交易價格。也就是說，股價總是上竄下跳，有時可能會一直向上漲得離譜，但很快地也會一路直下，跌得讓人鬱悶。但無論怎麼波動，長期來看，價格始終是圍繞價值的，故而也會回歸價值。

久漲必跌，久跌必漲

當然，無論價格如何變化，價格都是價值的反映。股價是持續循環的，所謂久漲必跌，久跌必漲，這是價格回歸價值的

必然結果。我們用更直觀的公式來表示就是：

股價＝本益比 × 每股盈餘

本益比代表市場情緒，每股盈餘指稅後利潤與股本總數的比，是普通股東每持有一股所能享有的企業淨利潤，或需承擔的企業淨虧損，代表公司的業績情況。也就是說，股價變動是由情緒和業績兩大因素決定的。

為了方便大家理解，容我舉一個更具體的例子來說明。

某企業每股盈餘 1 元，股價 10 元，對應的初始本益比是 10 倍。

第一種情況，**該公司業績沒未發生變化，只是市場情緒有波動，由於大家一直看好公司的發展前景，導致本益比上漲 20%**。那麼股價就由 10 元變成 12 元，帶入上面的股價公式，股價上漲 20%。

這種情況說明股價的短期走勢跟企業的基本面沒有關係，市場的偏見和貪婪，導致股價嚴重低於內在價值，或是高於企業的內在價值。價值 100 元的股票經常出現 100 元以下的報價，我們利用市場的這種偏見和貪婪，買進低估的股票，就能夠獲得企業估值修復的獲利，這就是巴菲特啟蒙恩師班傑明・葛拉漢（Benjamin Graham）的煙蒂投資法。

第二種情況，**市場情緒並未出現大波動，也就是本益比不變，但公司業績卻獲得大幅提升**。例如企業的每股盈餘增長

20%，那麼股價也會增長 20%。也就是說，雖然股價的短期走勢與企業基本面並不一致，但長期來看，股價最終還是取決於公司的獲利水準和資產狀況。

企業的獲利增長，最終反映在股價的不斷上漲之中。因此，忽略市場價格的短期波動，長期投資於基本面良好的企業，就能賺到不少錢。這種情況主要依靠企業的基本面，對於市場的依賴性不強，即便本益比長期不動，只要企業獲利持續增長，股價也會不停上漲，可持續性很強，容易形成穩定的獲利模式。這是巴菲特一直說的「要陪伴優質企業一同成長」的投資邏輯，也是價值投資的本質。

第三種情況，市場情緒發生波動，公司業績也有所提升，兩者共同合作，推動股價上漲。這種情況是最理想的狀態，也被稱為「大衛斯按兩下」[1]。例如企業本益比增長 20%，同時企業的每股盈餘也增長 20%，那麼股價的上漲就是 44%。即 （1×1.2）×（10×1.2）＝ 14.4 元

收益＝（14.4 −10）／ 10×100％＝ 44％

當市場情緒和公司業績產生共振效果時，代表企業不僅獲利情況很好，同時更被市場廣泛關注，正好站在風口上。以業績為基礎，經市場情緒催化，產生了持續性的爆發，該檔股票頓時成為大牛股。

以上三種情況，就是價值投資的內在邏輯，也是 2016 年

到 2020 年這段時間，大型權值股爆發的核心邏輯。用前面的遛狗理論來解釋，就是此次這隻小狗距離主人很遠，就快要看不見了，因此這時也該回到主人身邊，也就是回歸企業合理的價值區間。

明白這個道理，我們就知道價值投資是可行的，一旦泡沫被刺破，它們無非就是開始回歸合理的價值區間罷了。

「價值型投資」──不退流行的型男

大型權值股、龍頭股這兩年表現一般，主要是在消化前幾年積累起來的高估值。在這個期間，市場的主力產生變化，大型權值股、龍頭股不再是熱點，資金也因此轉向……。

實際上，市場若有足夠的增量資金，大型權值股、龍頭股可能會在高位震盪，經過長時間的震盪來消化高估值。我們這時若追高買進，即便沒賺錢，通常也不至虧太多。

此外，這幾年市場資金的風格越來越多樣化，2019 年以前投資者類型相對較少，基本上都是散戶加上遊資。價值投資者主要是機構參與者，量化資金的規模相當小，幾乎對市場沒有多少影響，可以忽略不計。整個市場主要是板塊和題材的變化，沒有風格和方法的太大差異。基本模式是一波行情到來，「新韭菜」進場，遊資開始坐莊等著收割，之後，「韭菜」躺

平了,市場也跌到低估值的區間,這時再由價值投資者進場「撿」便宜。

但是,這兩年市場的規模越來越大,市場資金的類型也越來越多。由於市場中沒有新的資金進來,公募、私募、散戶、遊資、量化的風格不斷變化,在不同的條件下互相收割。市場炒作邏輯因此不斷變化,週期也越來越短,炒作難度持續升級,我個人的感受就是「題材炒作很賺錢」。

題材炒作的本質就是「營造情緒」,也就是「畫大餅」。如果大家認為某個板塊未來會大漲,就會揪團去參與。而這些題材短期很難被證實,那些押對寶的少數投資者很快就能賺到較多收益。加上高科技題材的放大效應,這就讓很多人覺得炒作題材很容易賺錢。例如2023年上半年的大題材ChatGPT帶動的人工智慧概念,你不能說ChatGPT是一個騙局嗎?

但靜下來仔細琢磨一下,ChatGPT目前真的是人工智慧嗎?實際上,ChatGPT更像一個深度學習工具,它的計算能力超強,可以把大量資料進行重新拼接,計算速度很快,但它並不能創造新的東西。例如只要讓它看過所有的圍棋棋譜,它就有可能打敗圍棋高手,但如果想讓它因懂得圍棋而去發明一個軍棋,那它是做不到的。

但這對題材炒作來說並不重要,只要能透過ChatGPT講出一個精采的故事就夠了。這個故事如果還有一定的業績體

現,以及更多的應用場景,那麼市場上的炒作就可能有持續性。在這種擊鼓傳花的遊戲過程中,只要不成為最後拿到花的那個人,就有可能賺錢。

說白了,題材炒作是以零和博弈為主,能靠題材炒作賺錢的人還是少數。若拿人工智慧這個領域來說,它未來還有炒作的可能,但參與的大部分普通人,最終依然會重複過去的「劇本」,不容易賺到錢。

對大部分人來說,價值投資依然是一個比較可行的選項,但前提是對價值投資有比較深入的了解,形成自上而下的操作體系,每次買進和賣出都有邏輯支撐。看好的個股買進後被套,短線變長線,然後一直持有不賣出,這便不算價值投資。待被套個幾年,發現股價一直不漲,就認定價值投資不可行,「時間的玫瑰」不香了。

如果你對題材投資感興趣,認為自己可以透過這個「負和遊戲」賺到別人的錢,那麼你也可以適當參與,但要控制記得控管資金。如果嘗試後並沒有太明顯的獲利,反而虧更快更多,那就請放棄炒作題材了。

---

1. 這個理論的提出人是斯必爾・庫洛姆・大衛斯(Shelby Cullom Davis)。指在每股收益較低時買股票,待成長潛力出現後再以較高的本益比賣出,這樣即可獲取每股收益(EPS)和本益比(PE)同時增長的倍乘效益。即股價=PE(本益比)・EPS(每股收益)。

長線投資 vs. 短線投機，兩者背後的底層邏輯

2022 年股市大跌，再厲害的基金經理人也因為管理的基金淨值大跌，多次被網路上的酸民們肉搜，酸言酸語不斷。這並不能說這些基金經理人的投資能力突然失靈，主因是市場風格變化太快，對於專業的投資人來說，他們不會緊跟著市場熱點做短線，而是會堅持自己的投資策略。他們看的是長線，短期內他們的投資獲利不好，但長期來看，他們的歷史年化報酬率收益還是會跑贏大多數投資人的。

不管是做長線還是做短線，**你賺的每一分錢，都是你對這個世界認知的變現；你虧的每一分錢，也都是你對這個世界認知的缺陷**。大家對賺錢有熱情是好事，但光有熱情是絕對不夠

的,一頭栽進去,虧的可是真金白銀,所以我們要找到適合自己的策略。具體來看,短線買的是小趨勢,漲起來果斷進入,到了預計的投資報酬率馬上走人。比如某產業或題材被市場追捧,相關股票有的預計會漲20%,有的預計會漲30%。只要達到獲利標準,馬上賣掉,落袋為安,不拖泥帶水,不瞻前顧後,這就是短線。

根據市場情緒或熱點趨勢來買股票,持倉時間在一、兩個交易日內,即屬於短線交易,屬於短線交易,如果趨勢更長一些,有些股持有十天、半個月也屬於短線。很多人把長線理解為「買了股票後大跌補倉,繼續下跌則繼續補倉」,然後美其名曰「長線持有」。孰不知這不叫長線,這叫「心理安慰」,其實就是自欺欺人。

那麼問題來了,什麼是長線呢?

跳出股市看股市,不為炒股而炒股

長線投資,是指基於企業基本面的投資。要對企業有深刻的認識,對所在行業瞭解,能夠預計未來幾年的發展趨勢,最終才能享受到企業長期價值所帶來的收益。

有人曾問股神巴菲特:「你的投資體系這麼簡單,為什麼別人沒有和你做一樣的事?」巴菲特回答說:「因為沒有人願

意慢慢變富。」須知很多時候，慢就是快。不管是做長線投資還是做短線投機，都要看大局。不謀全域者，不足謀一域，不要為了炒股而炒股，最重要的是要學會跳出股市看股市。

另外，市場的增量資金繼續湧入股市。越來越多的人體悟到理財的重要性，透過買基金來參與股市。機構投資者的資金占股市總資金的比重越來越大，市場的增量資金，助動股市出現更好的獲利表現。

美國在 20 世紀六、七十年代，90% 的大牛股都來自消費和科技領域。美國在科技方面一直是領頭羊，其他國家都是跟著美國的腳步發展，台灣也不例外。參照已有路徑，今後的十五年到二十年，全球趨勢一定是消費升級和產業升級。因此，買股票重點集中在消費和科技領域，這是長期的大方向。但是，人類畢竟是社會性動物，最大的特點是感性，容易受情緒影響。我們都知道交易要理性，但在實踐中並不容易做到，須知交易是一個違反人性的過程。因此，我們要建立自己的交易系統，透過系統來減少主觀情緒對理性交易的影響。

一個成熟的交易系統主要有交易策略和管理持股部位這兩部分，其中管理持股部位是交易系統的生命線，也是帳戶獲利的一切源泉。就如同華爾街精英們都重視自己的身材管理一樣，投資者必須注重自己持股部位的管理。

持股部位的管理對我們買股票來說相當重要。如果你的持

股比例過重，一旦遭遇黑天鵝，虧損就會非常嚴重。如果你持股比例過輕，在一波結構性的行情裡，就會錯失很多潛在的利潤。所以持股多寡，其間的衡量和取捨也很難。管理持股部位的能力佳，讓資金曲線很平滑地增長，減少回撤比例。

但是，管理持股部位往往不被大多數普通投資者重視，這也是大多數投資者的盲點，大家都知道要學習技術分析、基本面分析，其本質上就是學習行情分析，但卻忽略了學習持股部位的管理。實際上，股市「老前輩」都知道，僅僅正確判斷一檔股票的漲跌方向並不能決定勝負。買多少，什麼時候買，什麼時候賣，如何加碼，如何減低持股，這才是勝負的關鍵。

獲利不靠勝率，而是「操作」得利

不管短線還是長線，持續獲利靠的不是靠勝率，而是成功操作股票獲利而來。我們要妥善計算投資帳戶的盈虧比例，不要一直糾結在某檔虧損上，整體獲利增長才是應該要關心的事。我們對管理持股部位的重要性有了基本認識，接下來就可以考慮如何運用了。簡單來說，在一定安全基礎上，不同的環境，適合不同的持股部位元，我們以下便分四種情況來分析。

第一種情況，如果大環境非常好，市場情緒火熱，大家閉著眼睛買都賺錢時，這就是顯而易見的大牛市，適合八成以上

加碼買進。

第二種情況，如果大環境還行，市場整體處於震盪盤整中。但是部分產業表現亮眼，有結構性行情，這時可用五到七成的部位進行操作。

第三種情況，大環境一般，大盤基本處於小跌狀態，只有個別熱門產業被市場炒作。這時的賺錢機會並不多，可以酌量進場，大概三、四成部位就夠了。酌量進場的主要目的不是賺多少錢，而是透過實際操作來掌握市場節奏、感受投資風向，為日後可能出現的行情預做準備。

第四種情況，大環境很差，市場很低迷，甚至出現系統性風險，大盤就有暴跌的可能。這時拿一、兩成部位築底就行，及時停損或停利最重要。總結就是牛市要「下重手」，讓利潤「奔跑」。熊市要「停看聽」，讓自己活著，不被市場重摔跳下「牌桌」，保本最重要。

對於一個強調風險平衡性的投資者來說，採取這種管理持股部位的方法，請務必嚴格遵守在很多市場上出現意外時，確實「救命」。也就是對於個股來說，每個人的操作風格都不一樣，像是很多今天買、明天就賣的超短投資人，心裡基本上並不存在持股部位的管理問題。在習慣跑短線的投資人眼裡，往往只有兩種情況：一是市場「有」機會，二是市場「沒有」機會。所以，這種投資人在看到機會時，通常就是直接大筆敲進，

但這種做法很激進,屬於高風險高收益。可能會在吃到一波行情時充分享受複利,但若踩中「妖股」,獲利很快就能翻倍。同樣地,一不小心也有可能會在幾天內損失 30% 以上,須知快速「割肉」是很考驗人性的。

我們說的管理持股部位,主要是針對大多數平衡型選手。這樣的部位管理可能未必會讓你的獲利突飛猛進,但一定會讓你的總體風險處於可控狀態,即便遇到系統性風險也不致沉沒。在此,我給大家總結了四個注意事項。

1. 個股部位占比不超過整體市值的三成。保持一、兩成即可,要死守這條線,當到達警戒位置時自動停止買進。

2. 同質性個股合計不超過三成。這樣即便遇到同一板塊全部跌停,總倉位金額的回撤也很小,處於可控範圍內,就比較安心了。

3. 要選擇多個不同領域,形成組合對衝風險。例如可以同時佈局熱點板塊和大型權值股。如果市場出現大跌,特別是急跌的時候,「國家隊」就會進場護盤,這時候大都是拉升大型權值股、龍頭股等權重股,我們只要埋伏部分這類股就能減少很多損失。

4. 長線布局必須是基於深入研究過公司基本面,選擇持有到一定週期後能賺錢的股票,並且堅定持有,不要關注一時漲跌。如果短線倉位被套,就放那裡不動做「鴕鳥」,這相當於是被動做長線,通常做著做著就會滿倉長線了。

進場前的觀察期＝戀愛前的曖昧期

　　現代人好像什麼都講究效率，走路要快，吃飯要快，賺錢要快。很難慢下來看看風景，喝杯咖啡或者愛一個人。如果說愛情萌芽於自我意志的沉淪，那麼我覺得最美妙也最重要的時刻，就是決定進入愛河前的曖昧期。

　　在相互試探中加深瞭解，在來回拉扯中越陷越深。從曖昧期到戀愛期，是相互確認的過程，也是從喜愛想像中的人，變成愛上真實的人的過程。如果太講究效率，急於說愛，自然也會因為沒真正瞭解對方，在看到對方的真實樣子前急於說不愛。梁靜茹有一首歌叫《慢慢來比較快》，有一句歌詞我很喜

歡：「慢慢來卻比較快，譬如愛，來得快去得也快，煙火痛快到頭來卻空白，用忍耐種下愛等待花開。」我們在炒股時也有「曖昧期」，也就是決定買進前的觀察期。

我們在選中一檔股票後，可以從技術分析的角度做判斷，確定這檔股票在這個位置買進後，賺錢機率大不大。對新手來說，「均線」是技術分析時較常使用的技術指標。如果我們熟悉均線的使用方法，就能有一個大概的判斷。

均線是移動平均線的簡稱，它是透過計算一組收盤價的平均值得到的一個平滑曲線。軟體可以自動生成移動平均線，我們只需設置參數即可。需要注意的是，這裡的參數是時間週期，例如 5 日收盤價的移動平均線，就是透過計算當前交易日的收盤價，加上前四個交易日的收盤價之和，再除以週期 5 得到的曲線。用平滑曲線將每個交易日的均線數值連接起來，便形成收盤價的 5 日移動平均線。

不同週期的移動平均線，表現形式也不一樣。參數大小決定移動平均線是屬於短期移動平均線、中期移動平均線還是長期移動平均線。一般來說，短期移動平均線的週期參數，常用的有 5 日、10 日、20 日；中期移動平均線的週期參數常用的有 30 日、60 日；長期移動平均線的週期參數常選用 120 日、250 日，如（圖 3-1）所示，短期移動平均線代表著短期的走勢，適合短線交易者使用。

圖 3-1

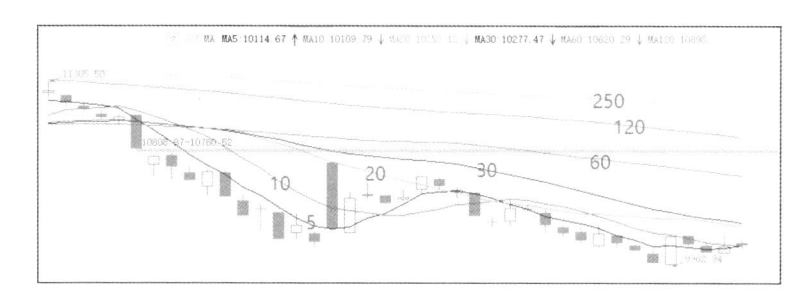

至於（圖 3-2）則是某檔股票的日 K 線圖，圖中的移動平均線主要有三條，①表示 5 日均線，②表示 10 日均線，③表示 20 日均線，它們分別代表了走勢行情中的短期走勢。

從（圖 3-2）可以看到，當行情走勢向上時，移動平均線也是向上運行的。即使行情過程中出現了短暫的向下回檔走勢，移動平均線也及時地給出了向下的運行方向。一般來說，與 5 日均線相比，10 日均線儘管也屬於短期均線，但是滯後性

圖 3-2

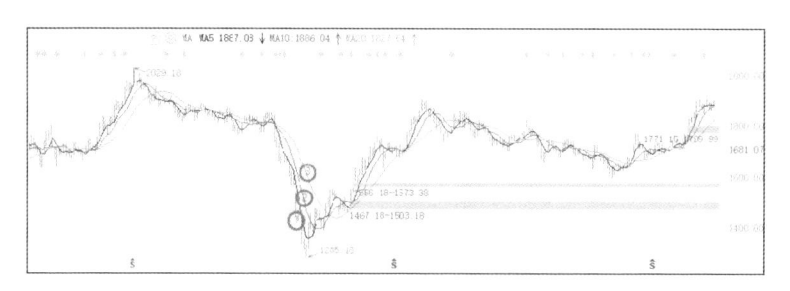

較大。比如當股價達到市場的頂部時，5日均線是最先調頭向下的，而10日均線的變化要稍稍滯後於5日均線。

20日均線是短期移動平均線中參數較大的，而且它是短期移動平均線向中期移動平均線過渡的一種類型。因此，它既反映了短期趨勢，又在一定程度上兼顧了中期走勢。相應地，它的走勢要滯後於10日均線。

中期移動平均線一般代表了中期行情走勢，是中短線交易者的主要獲利工具。對於短線投資者來說，中期移動平均線可能被當作長期趨勢。對於中長期投資者來說，往往需要運用中期移動平均線來觀看目前的走勢行情。

與中期均線相比，長期移動平均線所選用的參數更大，一般常用的參數週期有120日均線、250日均線等。長期移動平均線代表長期走勢，而120日接近半年的交易日，因此又稱爲半年線，250日接近全年的交易日，因此又稱爲年線。（圖3-3）是某檔股票的日K線圖，該圖中的移動平均線爲120日均線，也就是半年線，它代表了股價近半年的走勢行情。從（圖3-3）可以看到，該移動平均線是向下運行的，也就是說，從大趨勢上看，股價目前正處於下跌階段，因此短期即便有所上漲，也屬於超跌反彈。如果你不能確認現在股價已經跌到最低點，那麼參與進去很容易虧錢。此外，均線具有支撐和阻力的作用，支撐和阻力也是技術分析的基本概念，是指股票價格在特定區

間內受到買賣力量影響而難以突破的情況。

　　支撐部位是股票價格下跌時的止跌點，阻力部位是股票價格上漲時的止漲點。通過分析支撐部位和阻力部位，可以判斷股票價格的波動情況。一般來說，支撐部位通常是在價格下跌過程中出現的較低價格點，阻力部位則是在價格上漲過程中出現的較高價格點。

圖 3-3

　　通過均線也可以分析一檔股票的支撐和阻力情況。如（圖3-4）所示是某檔股票的日K線圖，這裡我們只關注它的20日均線走勢情況。在A區間，股價基本都是在20日均線上方移動。如果出現回落，就會在20日均線附近獲得支撐，然後繼續向上。

　　從（圖3-4）可以看出，如果市場行情不好，股價跌破了20日均線，那麼這個均線就會對股價形成壓制，也就會成為它繼續向上的阻力。例如看B區間，股價開始沿著20日均線向下

走,每次上漲到20日均線附近,都會受到壓制,然後繼續下跌。

需要注意的是,不同的時間週期可能顯示不同的支撐和阻力情況,你必須根據自己的投資週期,具體分析情況。現在我們明白了均線的這個特點,在選擇個股買進的時候,不妨可先看看個股的價格落在均線的什麼位置上。

對於短線投資來說,如果股價走勢一直在5日均線以上,就是最理想的情況。如果股價站在10日均線上移動,也很不錯。如果股價能夠站在20日均線上移動,也有賺錢機會。但如果跌破20日均線,並且短期再也不可能回到20日均線以上,那麼建議短期內就不要參與這檔股票了。

這裡沒有固定的表現,選擇20日均線作為最後的底線,是根據我個人的投資經驗所得出的。如果你對風險承受能力較低,可以選擇10日均線作為最後的保底,也就是股價不在10日均線以上就不選擇,如果股價跌破10日均線就賣出。

圖 3-4

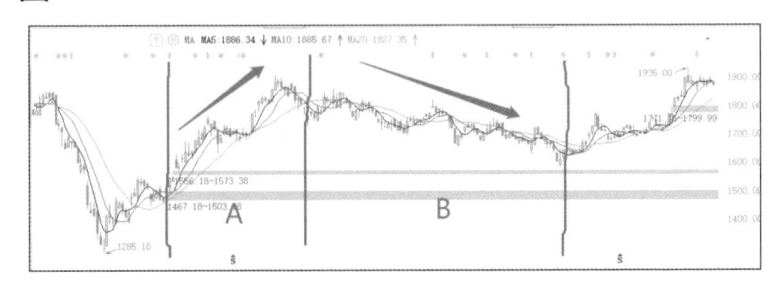

此外，在實際的使用過程中，我們往往不是單看一個均線的，而是把各個均線、三個均線甚至是五個均線放在一起看。如（圖3-5）所示，它便叫作五線順上，也就是五隻均線都是並排向上的**趨勢**，這種情況往往意味著該個股可能會有一波大行情。例如某檔個股的5日、10日、20日、60日、120日均線均依次向上運行，那它的股價肯定會持續漲不停。

實際上從（圖3-5）可看出，在一檔股票的上漲週期中，總會出現幾個下跌波段，它不可能一直處於五線之上。如果出現一定的回檔，但又沒有跌破五線向上的形態，那麼這很可能是比較好的買進機會。特別是那些經過長期下跌週期，然後股價經過震盪後再度站穩、重新站上五線的個股，後勢走強的機會往往較大。

當然，這還要結合大盤、個股能量強弱以及基本面等情況，待綜合觀察評估後再買進，這時往往才能更有把握。

圖 3-5

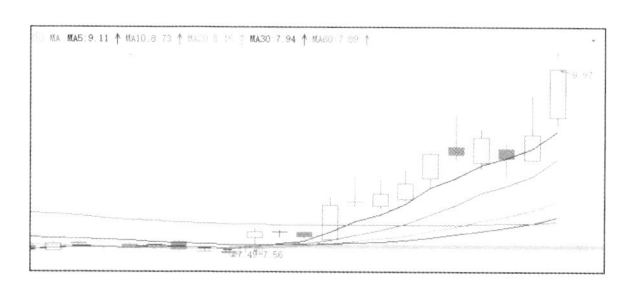

{ 肆 }

戀愛時全心投入，
分手後不拖泥帶水

戀愛時不把自己當弱者，分手時不把自己當受害者。

每段戀情都是重新認識自己的過程，理財也是。

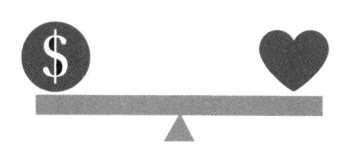

不能「既要、又要、還要」，風險、收益永遠相互依存

投資就像談戀愛，最怕碰到不靠譜的「物件」，割自己的「韭菜」。

我有一個四人工作團隊，大家設了一個群組，群組名是「要我陽光還要我風情不搖曳」。這個群名是其中一個成員——社交恐怖分子光光，和她的芯片博士男友大吵一架後改的，而這幾年我們一直也沒改回原來的群組名稱。

博士被她的風趣幽默吸引，卻又介意她對誰都風趣，在外「招蜂引蝶」。而光光既喜歡博士智商高、擅長照顧人，卻也嫌棄博士只有「芯」不長「心」，很多時候活像一個溫暖的機器人。也就是說，無論是博士還是光光，談物件都有點「既要、

又要、還要」。

記得我當時還曾在群組裡感慨發言：「都市男女，利己得很啊！」

這裡的「利己」並非貶義詞，從大學時期開始，我就一直崇尚「利己愛人」的戀愛觀。畢竟利己才能利人，愛己才能愛人。在一段親密關係裡，如果你一直得不到正向回饋，那麼這既是對你自己青春的浪費，也會讓你沒有辦法去好好愛對方。就像戀愛中的兩人最初之所以會被對方吸引，無非也是因為對方的某種特質戳中了我們心中的某一個需求。

物質價值也好，情緒價值也罷，好感往往就從「利己」開始。而交往後產生的分歧，很多時候也是因為**驚覺**對方不那麼「利己」的那一面，希望對方妥協或**改變**。之前網站上有一個「梗」很火，叫作「找物件的不可能三角」：男人的不可能三角形是「長得帥，會賺錢，特專一」；女人的不可能三角形則是「長得美，智商高，性格好」。我個人也覺得似乎沒那麼絕對，但確實，無論男人還是女人，都沒辦法集所有「對立優點」於一身。你不能既要他年收入破千萬，卻又要他乖巧顧家。你也不能既要她風情萬種，卻又要她單純懵懂。

而在投資理財領域，也有一個三角悖論，叫作「投資的不可能三角」，如（圖4-1）所示。簡單地說，就是資金的安全性、流動性和獲利性，三者不可能同時滿足。

圖 **4-1**

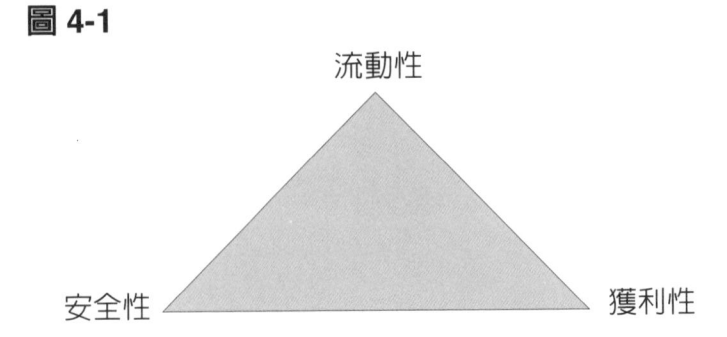

```
         流動性
          /\
         /  \
        /    \
       /      \
      /        \
   安全性 ────── 獲利性
```

「安全性」確保投資不蝕本

先說說「安全性」，指的是投資本金的保值能力，一般若說安全性高，指的就是在投資過程中可能面臨的損失風險較低，包括國債、銀行存款、特定理財險等皆屬安全性高的資產。拿國債來說，它主要是由政府發行的，具有較高的信用度和償債能力。而股票、期貨等高風險投資產品，具有比較大的波動性和不確定性，一般需要承擔更高的風險。我們在做投資決策時，也需要根據自己的風險承受能力和投資目標來權衡資產的安全性問題。如果投資目標是長期穩健增長的，就選擇一些穩健的投資工具，比如長期債券、增額終身壽險、年金險等。如果投資目標是短期高獲利的，則需要承擔更多的風險，選擇高風險、高回報的產品，比如股票、期貨等。

請大家記住一句話，風險和獲利永遠是一對 CP（Couple，泛指兩人之間的親密關係，也指搭檔或組合），號稱「低風險、高獲利」的產品多半是一場投資理財騙局。這跟「世家財閥專找平民女孩相親」一樣，可能有 0.1% 的機率是遇上真愛，但有 99.9% 的機率是遇到「殺豬盤」（Pig Butchering Scam）[1]。

「流動性」維持靈活現金流

再說說「流動性」，意指在你需要資金時，能夠將資產快速轉換為現金的能力。流動性高的投資資產方便買賣，比如股票、短期債券等。不同產品擁有不同的流動性，比如安全性較高的活期存款、貨幣基金，其流動性就很好。此外像風險性較高的股票，也可隨時變現。反觀定期存款、長期債券等，因為具備一定的時間限制，流動性通常較差。

我們在選擇具體產品時，需要根據投資目標和短期資金需求，權衡流動性和獲利性。如果有較大的短期資金需求，就需要選擇流動性較高的投資工具。反之若投資目標是長期增長，就可以適當放寬對流動性的要求，用時間換取獲利。此外，流動性太高有時並非好事，因為我們可能「拿不住錢」，建議大家在制訂長期攢錢計畫時，可以透過前期流動性並不高的金融工具來強制自己儲蓄。例如增額終身壽險，一、二十年後才能

獲得較為可觀的獲利，為了獲利也不能提前支取，等後期需要用錢時，卻已積少成多存下了錢，這時便可透過退保把錢提領回來。

「獲利性」是理性與感性的平衡

最後說說「獲利性」，指投資能夠帶來的利潤或回報。高獲利的投資產品，通常伴隨著較高的風險，如股票、期貨等。具體來看，不同的產品其獲利情況也不一樣。比如股票、基金等高風險產品，往往具有更高的獲利潛力，但也伴隨著更大的風險。而國債、銀行存款等穩健的理財產品，其獲利水準相對較低。像增額終身壽險、年金險等理財險，需要更長的持有時間，才能在安全的同時獲得可觀的獲利。

我們在選擇投資產品的時候，要根據自身的情況來確定操作策略。若是一心只想追求高獲利，那就不要再奢望較高的安全性，而有些產品獲利較高，但流動性卻會受到限制。例如位於市中心蛋黃區的房地產，持有門檻較高，若想變現相對就會比較複雜。

總的來說，能夠滿足獲利和安全性雙重要求的資產，大多不能滿足流動性需求；而能滿足流動性和獲利雙重要求的資產，則多半無法滿足安全性要求；最後是那些能夠滿足安全性

和流動性要求的資產,卻往往不能滿足獲利目標。

須知我們很難做到十全十美,只能在這當中做選擇。就像找對象一樣,不能「既要、又要、還要」。我做了多年的財經網紅,發現很多人投資理財時,都在糾結一個問題:

流動性和安全性哪個更重要?

風險或獲利,我們又該如何選擇?

我總結自己和身邊友人們多年的投資經驗,發現大家都有一個共通原則。對我們個人來說,可透過以下三個步驟來做。

1. 釐清投資目標和風險承受能力。 只有明白自己具體的需求,才能選擇合適的理財產品,達到資金的安全性、流動性和獲利性三者之間的平衡。如果投資能力還不足,建議不要定太高的獲利目標,以免急功近利,被高息陷阱欺騙;如果風險偏好較低,建議不要買太多風險資產,比如股票、期貨等,投資之前,要先想明白「自己最多能虧多少錢?」。

2. 資產配置時,分散投資也是分散風險。 不能「把雞蛋放在同一個籃子裡」,更不能「把所有籃子都放在一輛車上」,這是防範風險的原則。在選擇資產的時候,可以透過不同的投資工具來降低整體資產的風險。同時,分散投資還能提高帳戶總資產的獲利穩定性。如果你投資股票、定期存款和黃金等不同類型的產品,即使遇到金融危機,股票大跌,黃金也可能會大漲,彌補股市的損失後還可能略有盈餘,而只要銀行不破

產,你存在銀行的定期存款,也一樣會有獲利。

3. 預備四個帳戶,保有節奏感才能遊刃有餘。這四個帳戶分別放置要花的錢、保命的錢、生錢的錢和保本的錢。

「要花的錢」是必須要留下來的,這是三～六個月的生活費,這個帳戶的最大特點就是要保證流動性,可以放在銀行類活期理財產品裡,也可以購買貨幣基金,既比活期存款獲利高,又足夠安全,能靈活支取。

「保命的錢」則是配置一些與健康有關的保險,例如醫療險、重疾險和意外險等,用來因應大病和意外的風險。

「生錢的錢」,是用來實現財富增值的。很多讀者關注我,想提高投資理財認知。但是,獲利和風險是相匹配的,提高認知只能相對降低風險。為了實現財富增值,我們需要配置一些高獲利資產,比如期貨、期權、股票、基金等。其中,適合一般投資人的是基金和股票,期貨和期權適合專業投資者。很重要的一點是,高獲利對應著高風險,咱們這部分錢比例不要配置得太大。對於一般投資人,建議不要使這個比例超過 50%。如果市場不好,即使出現虧損,也不至於影響生活。

最後是「保本的錢」,這部分錢是不能承受任何風險的,因為這部分錢既要滿足當前需求,又要用於將來的美好生活。包括我們現在努力工作,不也是延遲滿足,為了將來能有更好的生活品質嗎?

所以「保本的錢」在四個帳戶中所占的比例是最大的，可達到家庭總資產的 40% ～ 60%。比如家庭的中長期儲蓄，萬一未來家庭出現什麼變故，這筆儲蓄就要拿出來用。例如孩子的教育經費，是預備存給孩子未來上學用的，絕對不能出現任何意外。這兩筆錢存到銀行或用來買保險都可以，但千萬別拿去買基金或股票，千萬不要做任何有風險的投資。

總而言之，無論談戀愛還是談投資，都不能「既要、又要、還要」，釐清自己的核心需求才是最重要的。待明白自身需求後，抓大放小，對症下藥，為自己量身訂製戀愛方案或投資方案。待有了具體方案，接下來就是考驗執行能力了，須知保持節奏才能遊刃有餘喔！

---

1. 為某一類電信詐騙手段，又稱浪漫騙局（Romance Scam），詐騙者透過電訊及網路平台捏造虛擬形象獲得被害人信任，進而建立親密關係，最終達到騙取財物的目的。

透過交易時的成敗，重新認識自己

　　左側交易也叫逆勢交易，意指股價下跌到一定程度，投資人覺得該檔股票夠便宜、可以抄底，於是開始大筆敲進，也就是大家常說的「別人恐懼，我貪婪；別人貪婪，我恐懼」。

　　很多投資大戶都是左側交易的愛好者。當年股神巴菲特買進比亞迪的股票時，也是採用這樣種策略，股神覺得比亞迪股票價格比較便宜，未來潛力可期，所以就決定買進了。

左側交易的優、缺點

　　左側交易有什麼優點呢？

簡單地說，就是容易把握交易細節，相對看重**趨勢**的判斷。等待行情反轉時，獲利空間比較大，比較適合擁有一定資金量、能夠長期扣住資金不變動、對**趨勢**擁有一定判斷能力的投資者。缺點則是，有可能無法買到最低點，「地板價」的下面還可能有「地下室」，抄底容易抄在「半山腰」。或是根本賣不到最高點，以為股價已漲得差不多，所以選擇賣出，豈知你賣出時的股價也只是落在「半山腰」罷了。

想要透過左側交易賺錢，其實具有一定的專業門檻，特別是以下三點需要注意。

1.投入的必須是閒散資金。也就是在一定時間內，基本不太可能用到的錢，或是在滿足自己所有的消費需求和經營需求以外的資金。「子彈」一定要充足，如果後面股價**繼續**下跌，就可以**繼續**加碼，攤低持股的總成本。但需注意的是，借貸資金、養老資金和生活資金都不適合用於左側交易，千萬不要犯下這種錯誤。

2.能夠忍受浮虧。雖然股價已經下跌，有一定的安全邊際，但這只是一個範圍，不是一個很準確的點。一般來說，在買入股票之後股價還會有一段慣性下跌。就算運氣好，買在了最低點，但這樣的低點絕對不是通過預測得到的，更多是碰到的，所以最好採用逐步建立持股部位的方式買進股票。

左側交易的操作方法不看形式，側重的是**邏輯**，關鍵是股

價變得有吸引力，讓買到的股票，物有所值。

3. 要長期持有，不輕易停損。左側交易是在股價下跌時買入便宜貨，市場的價值規律決定了，便宜而不合理的價格不可能長期存在。但需要持有多久，股票才能實現價值回歸呢？誰也不知道，所以這很考驗投資者的耐心。我們要重點考慮兩個因素：

一是我們投資的產業，目前正處於衰退期或增長期？

二是這個增長期或衰退期，將會持續多久？

總的來說，左側交易最根本的獲利邏輯就是在股價下跌過程中，分批逐步買進股票，不斷拉低投資成本。只要市場越過牛熊轉折點，便可開始獲利。下面舉一個例子，讓大家能夠更理解這個論述。

在一輪牛市中，某檔個股的股價最高漲到 20 元，之後市場轉入熊市，股價開始下跌。這時有左側投資者看好這檔股票的前景，在跌到 15 元時少量買進，一旦股價繼續下跌，待跌到 10 元附近時便補倉。

低位買進可以拉低成本價，由於投入資金變多，股價變低，能買到的股票數量明顯增多。如果股價再下跌，達到 7.5 元左右，那麼繼續以兩倍初始額補倉。如果第一次投入 3,000 元，那麼股價跌到 7.5 元附近時，他的投資是這樣的：股價為 15 元時，持有 200 股，成本是 15 元；股價為 10 元時追加 6,000

元，此時持有 800 股，成本是 11.25 元；股價為 7.5 元時追加 6,000 元，此時持有 1,600 股，成本是 9.375 元。

如果股價在 7.5 元時結束了這一輪下跌，市場氣氛轉好，則在股價出現一定幅度上漲時，賣出部分股票。例如股價上漲到第一次買入的價格 15 元時，賺了 9,000 元，獲利率為 60%；股價漲到 20 元時，賺了 17,000 元，獲利率為 113%……當然，這個過程非常需要耐心和時間。

雖然左側交易的最終獲利非常可觀，但因為過程比較煎熬，所以並不受一般投資人青睞。反觀許多金融大戶選擇左側交易，主要是因為他們擅長判斷趨勢，看重的是最終的獲利。

那麼，又該怎麼判斷時機來做左側交易呢？

1. 分析上市公司基本面。選擇那些基本面良好、業績穩定並有成長空間，只是暫時不在市場風口的上市公司。這類上市公司早晚會因業績爆發而被市場關注，從而股價大漲。

2. 透過技術指標，判斷股價是否進入底部區間。比如如果日線級別 K 線還處於 60 日均線下方，就有繼續下跌的可能性；如果 60 日均線不向下彎折，開始走平，長達一個月的時間不創新低，就說明空頭力量衰竭，這個時候就可以開始找機會建倉。

右側交易的優、缺點

與左側交易完全相反的操作模式是右側交易。

右側交易也叫**趨勢**交易，不需要預測股價何時會登頂，也不需要預測股價何時會下跌。只需盯緊市場給出明確答案，靜待**趨勢**出現明確信號後再操作。右側交易是做**趨勢**的跟隨者而非預測者，尋找市場中強勢的股票。下面舉一個例子供大家參考。

老王花 10 元買進一檔股票，當它的價格上漲到 14 元時，老王擔心大盤已到頂點，所以選擇賣掉股票。但沒想到股價居然還在**繼續**上漲，所以老王在股價漲到 17 元時又再次買回該檔股票，然後在股價漲到 20 元時再賣出，在股價漲到 22 元時買回……。後來，股價開始下跌，等到 21 元時老王不捨得賣，到 20 元時老王還不捨得賣，逐步撐到 19 元、18 元……最後被套。

其實正確的做法應該是，買進股票後設一個停損點，例如只要價格跌到成本價的 90% 就選擇賣出。當 22 元重新買回後，停損點是 19.8 元，當股價回跌到 20 元時，就要有一旦跌破 19.8 元就要賣出股票的心裡準備。也就是說，當股價出現大幅回檔，早已不在之前的**趨勢**當中時，我們就要果斷選擇賣出，落袋為安。該如何設置具體的停損點，可以根據市場情況及個人風格來訂立，沒有具體的標準。

而右側交易的優點是什麼呢？

由於右側交易是在股價來到低點後的上升段中買進的，勝率比較高，適合喜歡做短線交易或**趨勢**交易的群組。而右側交易最大的缺點就是，如果操作失當，很容易變成追漲殺跌，這

也是大部分散戶虧錢的主因。所以我們在執行右側交易時，務必要注意以下三個重點。

1. 保持足夠的持股部位。若想在右側交易中把握主動權並成為勝利者，首先要保持的就是足夠的持股部位。當大盤上行趨勢確立，交易機會來臨時，應採取加碼買進策略來進行操作，進而獲得右側交易帶來的獲利。

2. 堅守住名下所持有的股票。做右側交易的初期，一般投資人很難察覺出哪些產業和個股將成為強勢族群、潛力股。只有等行情運行一段時間，某一階段的強勢產業和潛力股才會浮出水面。所以一般投資人在無法發現強勢產業和潛力股時，最有效的方法就是發揮耐心，繼續持有股票。

3. 儘量博取超額獲利。當上漲趨勢獲得確認時，就需要用適量的籌碼透過短線交易博取超額獲利。一方面讓持有的籌碼在行情上漲的同時做到水漲船高，另一方面則在確保籌碼不丟的同時增加帳戶資金，進一步提高右側交易的操作效果和帳戶總值。

總的來說，右側交易的本質邏輯就是順勢交易，跟著趨勢走，盡量迴避不確定的走勢，只在明顯的漲勢中，勇敢下注。

避免被情緒主導，持股部位管理很重要

　　在股市裡，我們很難做到精準抄底。畢竟如果方向做反了，該賣時追漲，該買時「割肉」，那一切豈不就完了。這就像談戀愛一樣，如果心思總是亂糟糟的，遇到原則問題時總是一再妥協讓步，反而在雞毛蒜皮的小事上錙銖必究，斤斤計較，這樣實在很難建立親密關係。例如對方是否真的尊重你和你的家人，兩人的金錢觀和價值觀是否吻合，這些原則問題是不能糊弄過去的，尊重和理解才是一段感情健康發展的基礎。

　　相反的，情人節時對方贈送的禮物顯然不夠用心，在我情緒低落時未能及時安撫……，這些相處中的小細節大可不用太放心上。每個人都是獨立個體，直接表達訴求會比讓對方去猜

更有效率。而投資股市就像談戀愛，如果總是被情緒主導，糾結在次要矛盾上而去忽視主要矛盾，這就很容易陷入情緒的內耗中，做出不利於事情發展的決定。

面對市場波動，我們該如何操作才能避免被情緒主導，是每位投資者都需要認真思考的事。不管你是透過基金參與股市，還是直接投資股票，遇到的問題基本上都一樣。

有效管理持股部位，讓勝率極大化

應對市場波動的方式很多，其中有一種比較簡單的操作叫管理持股部位。簡單說就是用買賣策略來控制情緒，透過調整帳戶的投資金額來平抑市場波動的風險。

現在問題來了，管理持股部位中的部位（或稱倉位）是什麼意思呢？

我們在投資基金或購買股票時，經常聽到「空倉踏空、滿倉套牢、半倉上車」的說法。簡單說，倉位就是指你實際投入的資金，與你全部能夠用來投資的總金額的比例。如果你手中有 10 萬元資本，想要用來買基金，那麼當你第一次買入部分基金時，這個過程便叫作建倉；如果你買了 5 萬元的基金，那麼你的倉位就是 50%，我們一般稱其為「半倉」或「五成部位」。如果你看好市場，繼續用手中的錢買入基金，這就叫加

倉（或加碼）；如果你覺得基金可能要跌，賣出一部分基金，這就叫減倉（或減碼）；如果把 10 萬元全部投資進去，這就叫滿倉。

針對不同的持股部位比例，主要有輕倉、重倉、滿倉、空倉等叫法。如果針對不同的市場表現，對自己的持股狀態進行調整，主要又有建倉、加倉、減倉、調倉等叫法。

那什麼又是持股部位管理呢？

以買基金為例，我們應該買進多少錢，什麼時候可以加碼，什麼時候需要減碼。用一定的策略來安排帳戶資金的買入賣出數量，這就是持股部位管理。投資者就像坐鎮的主帥，資金就是我們的兵力。獲利相當於我們俘虜到的敵方士兵，而虧損就相當於自己的士兵被敵方俘虜了。正所謂「不打無準備之仗」，我們在進行投資之前要進行風險評估，例如評估這次出擊勝率有幾成，盈虧比例有多大。在完成充分評估後，根據評估結果合理制定投入的兵力。也就是說，管理持股部位是投資中非常重要的問題。合理控制持股部位，可讓我們在行情好時獲得較理想的獲利，在行情差的時候亦不至於虧損太多。

下面舉一個例子，讓大家更明白更曾到道理。

遇到市場大跌，兩位投資者的可投入資金都是 10,000 元，投資人 A 滿倉買進某檔基金，投資人 B 則以 5,000 元資金買進該檔基金。若買進的基金價格下跌 10%，則前者虧損 1,000 元，

後者虧損500元。後者的虧損感受會好一些，也更能忍受浮虧，並且保有資金可在低位加碼買進時，緩步拉低分攤成本。

顯然只要部位控制得當，在遇到市場下跌時，虧損幅度相對會比較小，但是新手往往無法認識到持股部位管理的重要性。比如投資基金時，大部分人都是滿手進出，從未對資金進行過合理規劃，結果往往就是導致空倉踏空或滿倉套牢，甚至滿倉踏空。

畢竟沒有人可以預知市場明天的漲跌，即使對行情把握得再好，也難免會遇到突發的「黑天鵝」事件，所以我們幾乎不可能做到買在最低點、賣在最高點，也並不能保證每筆投資都賺錢。比較好的方法是，在獲利機率較大的地方多買一點，反觀在獲利機率較小的地方則少買一點。

投資就是做正確的事情做大，並且永遠給自己預留退路。在同樣的行情下，部位不同，持有**體驗**自然也會不一樣。時刻都是滿倉的投資人，只會整天提心吊膽，害怕市場風向會突然調整，讓自己前期的收穫打水漂。一旦心態失衡，就很容易因為市場的風吹草動而做出錯誤選擇。如果我們做好持股部位管理，就不用擔心市場的正常調整，只需注意大**趨勢**即可。畢竟持有信心中，有一部分是來自尚未投入的資金，在資金充足的情況下，自然就不會害怕短期的漲跌或盈虧。

管理持股部位就是根據自己對市場的判斷，透過合理安排

增加或減少實際投資的資金。並在控制風險的同時，儘量讓自己的投資獲利極大化。拿買基金來說，最簡單的一種持股部位管理形式就是基金定投。對於個股投資，比較好的持股部位管理辦法是結合長線和短線。擅於長線投資的人像是巴菲特，巴菲特做價值投資，一般持有一支個股少則三、五年，多則幾十年。而比較擅長做短線投資的人是已故的美國股票投資家傑西·勞里斯頓·李佛摩（Jesse Lauriston Livermore），他比較擅長操作龍頭股，總在抓住一波上漲行情後便立刻離開。

長線投資 VS. 短線交易的優勢

那麼，長線投資和短線交易的優勢又是什麼呢？

長線投資看重的是估值和未來。主要是在個股的基本面上下功夫，重點看估值和未來前景。因此大多數時候會感覺比較輕鬆，持有即可，不用頻繁操作。短線投資則很少研究基本面，更多的是透過技術分析來判斷是否要買進，這種方式就不那麼輕鬆了，因為要即時盯盤。特別是對大盤和熱點的把握要更精準，投資邏輯是嚴格按照規則操作，及時做好停利和停損。如果我們選中某檔個股，從準備買進這檔個股的資金裡拿出四～六成做長線，拿出二～四成做短線，這樣既能控制好買進這檔個股的持有部位，也能提高賺錢的機率。

那麼問題來了，什麼樣的個股，適合將長線投資和短線交易結合起來呢？

我們可以從下面兩個方向來分析。

1. 個股的活躍度。我們可以觀察個股的漲跌幅是否夠大，比如能夠拉出 3% 或 5% 以上的 K 線，甚至出現漲停。此外，對趨勢股來說，大多數時候單日漲幅相對不大，但可以從日成交額的角度看，例如每天的日成交額能達到 5 億元甚至 10 億元以上。

2. 股價的走勢規律。有些股票雖然活躍，但毫無規律可循，這種股票讓人很難判斷走勢。至於哪些股票有哪些規律，因每個人的視角不同，能夠看出來的規律也不同。換句話說，就是能更好地找到個股的相對低點和相對高點。在個股的相對低點買入，在相對高點賣出，就這樣，一次短線操作就算完成了。

事實上，短線操作的最大難處就是，如何找到一個相對低點買進並在相對高點賣出。常用策略是利用技術分析（比如波段理論）進行判斷。對於技術分析來說，波段理論是應用較為廣泛的一種技術分析工具，它是美國人 T. S. 艾略特（Ralph Nelson Elliott）對美國道瓊工業平均指數（Dow Jones Industrial Average）進行多年研究後創立的。波段理論把一個價格的波動週期，從牛市到熊市分解為五個上升波段與三個下降波段，共計八個波段，我們將其簡稱為八波段，如（圖4-2）所示。

每一個上升的波段被稱為推動波段，如（圖4-2）中的第一、第三、第五波段。每一個下跌的波段，均是前面一個上升波段的調整段，如（圖4-2）中的第二、第四波段。第二波段為第一波段的調整段，第四波段則為第三波段的調整段。對一個大週期來說，第一波段至第五波段是一個大推動波段，A、B、C這三個波段則為調整段，下面我們來做具體的分析。

　　第一波段是一輪行情的起點。該波段出現時，一般市場上大多數投資者因受前期低迷行情的影響，不會覺得上升波段已開始，因此這屬於修築底部形態的部分。由於第一波段出現在長期低迷行情之後，買方力量不強，加上繼續存在的空頭賣壓的情況，接下來會有第二波段的調整，通常回調幅度比較大。

圖 4-2

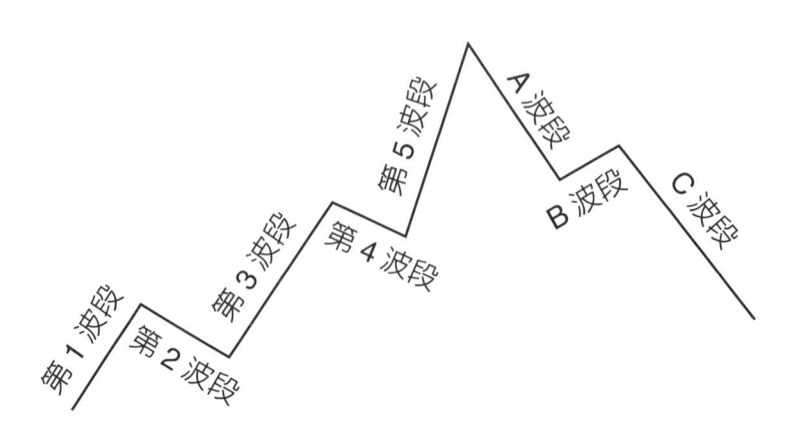

第二波段是第一波段的調整段。第一波段的上升往往被市場認為是一次反彈，反彈之後仍然要跌。因此第一波段上升後，解套盤和短線獲利盤大多會快速賣出，但第二波段不會跌破第一波段的最低點。此外，隨著行情持續下跌，市場開始出現惜售心理，成交量逐漸萎縮，拋盤壓力持續降低。直到成交量無法再萎縮時，第二波段的調整才會宣告結束。

　　第三波段是上升浪中最具爆發力的波段。這個階段投資者信心恢復，成交量大增，在圖形上常會以跳空缺口的方式向上突破。而且往往上升空間和幅度非常大，經常會出現一漲再漲的情況，其執行時間通常是八個波段週期中最長的一段。

　　第四波段是第三波段的調整段。它通常以較複雜的形態出現，第四波段的幅度往往接近第二波段的幅度，此一波段的最低點通常高於第一波段的頂點。

　　第五波段是上升五波段中的第三個推動段。第五波段的上漲動能佔優勢，股價再創新高的機率大增，但強度往往不如第三波段。這是因為市場的高位上漲，給早期入場的莊家製造出貨良機，他們會在第五波段中持續減碼，造成下跌動能的持續增加。成交量在第五波段中也會有所放大，但通常不如第三波段來得強。

　　在這個階段，大量先前沒有入場的一般投資人，在財富效應的驅使下紛紛入場，最終成為高位「接盤俠」。從（圖4-2）

中可以看到，A 波段是股市轉勢的第一個下跌浪。A 波段的調整是緊隨著第五波段而產生的，這個階段大多數投資者認為行情尚未結束，把它看作上升途中的一次「倒車接人」。

實際上，該波段的出現表明股價的上升趨勢已經結束，進入調整期。A 波段的調整形態常以平坦形態或「之」字形態出現。B 波段是下跌三個波段中的反彈段。B 波段上升本應是多頭的「逃命」機會，但市場上大多數投資者依然主觀認定，這是新一輪的上升行情，以為調整已經結束，於是開始大膽跟進……。

這個階段的反彈高度一般低於第五波段，但少數情況下有可能接近甚至超過第五波段高點，圖形上常會形成一個雙頭，即 M 頭[1]。

C 波段是下跌行情中的最後一浪。在這個階段，一般投資人明白上升行情結束了，對上漲已不再抱有幻想，紛紛「割肉」離場，導致股價持續下跌。但當股價來到跌無可跌的窘境時，新的一輪行情又開始醞釀，此後股價將會再次開啟一個新的輪迴週期。比如貴州茅台，從 2016 年的熊市到 2022 年 11 月這段時間，基本上便算是已走完一個完整的八波段行情，如（圖 4-3）所示。

當然，由於市場的波動較大，對於每檔個股的上漲和下跌週期，不可能完全按照這個節奏來，但大概的框架是可以套用的。明白這個理論，我們就可以拿它來做短線操作。例如在一

圖 4-3

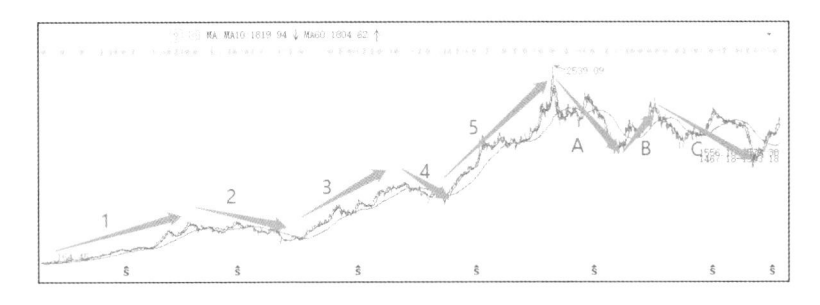

波行情的上漲階段，參與它的第一、第三、第五推動波段，在第二、第四調整段出現的時候離場。在下跌階段，參與它的 B 波段反彈，規避 A、C 波段的殺跌。

不過這裡說的是理想狀態下的操作，在實際操作中，還是需要根據自己對個股的理解來調整。在自己擅長的階段做短線交易可以，但不一定要參與每一個階段。

---

1. 股價上漲一段時間，出現高檔盤整後呈現出來的型態，由於外型很像英文字母 M，所以被稱為「M 頭」。該型態若跌破，通常會被視為空頭訊號，股價將持續下跌。

相信「渣男」會變好？投機主義很要命

投資是一項說起來容易但做起來有難度的事,說容易,是因為它擁有自己的邏輯框架和運行規律。只要抓住重點,賺錢就會變得比較輕鬆;反之說它很難,則是因為人類的行為既受理性控制,卻也常受情緒支配。

身為投資者,我們既貪婪又膽怯,所以常會陷入一些誤區或心生執念,當下因此很難做出相對合理的決策,導致最後的投資情況並不理想。例如很多人投資股市時因「相信渣男會變好」而捨不得「割肉」,導致最後短線改中線,中線變長線,越虧越多⋯⋯。這是由於,走短線的投資人在買進股票時,經常抱著某種強烈的投機目的。他們習慣看股票走勢下單,或聽

到相關的利多消息就衝進場,本就是做短線投機的形態。但是只要出現股價下跌走勢,已經來到應該停損賣出的價格時,往往又捨不得「割肉」,開始說服自己應該繼續持有。

一旦被動做出把短線投機改成長期投資的決定,犯錯機率就會增加。因為這些人在買進時,並未經過深思熟慮和反覆推敲,這樣的分析過程增加犯錯機率。短線投資者在建立持股部位後若遇到股價下跌,這足以說明市場這隻看不見的「手」正在提醒他們,買進股票的分析失當,這時如果者再做出長期被動持股投資的決定,試圖藉此安慰自己,終將導致一錯再錯,滿盤皆輸。

投資股市的六大心理誤區

1. 心理帳戶作祟。今天我們就來盤點一下,投資股市時經常出現的心理誤區,大家可以用來避開陷阱。

心理帳戶指的是人們喜歡在心裡把錢分成不同部分,比如買房的錢和買菜的錢。假設你花整整三天時間熬夜寫了篇文章並發表,獲得了 1,000 元稿費,你會用這個錢買彩券試手氣嗎?估計是不會的,這錢賺得太辛苦,不能隨便浪費了。

但如果你撿到 1,000 元呢?可能就會去買彩券了,畢竟白撿的錢花起來不心疼。如果這樣,就說明你有心理帳戶了,因

為你把這兩筆錢記在不同的心理帳戶裡。投資上最常見的心理帳戶，是把錢分為本金和賺來的錢，並對這兩部分錢體現出不同的風險偏好。下面舉一個例子。

小張購買了股票 A 和 B，經過一段時間後，股票 A 產生獲利 3 萬元，股票 B 產生虧損 8 萬元。這時，小張剛好需要用錢，需要賣掉股票，單獨賣掉股票 A 或者股票 B 的資金都足夠滿足小張的資金需求。

經過一番心理計算後，小張決定賣掉股票 A，而保留虧損的股票 B。因為這樣讓他感覺更好，股票 A 產生獲利是一次成功的交易，賣掉股票 A 有愉快的成就感。而如果賣掉股票 B，則會讓小張感到痛苦，因為心裡有失敗感。

原因就是，投資者分別為股票 A 和股票 B 建立了不同的心理帳戶。由於帳戶 A 有獲利，所以賣掉股票 A 有成就感。由於帳戶 B 有虧損，所以賣掉股票 B 就會從帳面虧損轉變為實際虧損，從而產生失敗感。而如果保留股票 B，也許還有機會由虧轉贏。在股票投資中，普通人往往傾向於賺了 10%～15% 就賣出股票，因為賣出賺錢的股票是一種令他們愉悅的事。但是如果虧了錢，散戶虧 10%、虧 15% 是不肯賣出的。因為賣出虧損的股票是很痛苦的事，往往最後虧損 30% 甚至 50% 以上，才肯承認失敗繼而「割肉」。

這種小賺大虧的操作模式，很大程度上就是心理帳戶對股

票投資產生的影響。例如常有人這樣提問：「我買了某檔股票，成本是 ×× 元，請問應如何操作呢？」提問者潛意識中已把買入成本當作買賣決策的依據了。

實際上，是否應該賣出股票取決於很多因素，比如股票的估值情況、公司的商業模式、市場大環境等。這些都與買入成本無關，因為買入成本根本不影響股價的未來走勢。

2. 存有賭博心理。如果把所有的錢用來投資，希望大賺一筆，不能堅持「投資中用閒錢投資」的原則，這就屬於賭博。

大家是否想過，當你把所有的錢用來投資時，萬一有一天股市暴跌，你受得了嗎？股市暴跌一方面考驗我們的財力，另一方面更考驗我們的心理壓力，所以絕對不能把所有錢都拿來投資。我們在投資前要先進行風險能力測試，明確自己的底線在哪裡，做好備用資金和投資資金的合理分配，透過記帳等方式來梳理自己的消費與結餘資金情況。

那麼該怎麼記帳呢？

首先，要善用手機上的記帳 App，然後把記帳的分類做好。例如把金融卡分為消費帳戶、儲蓄帳戶、投資帳戶等。支出可以再分為日常開支和意外開支等。這樣，我們就可以清晰地查看各項支出和自己的資產情況了。連續記錄幾個月的收入和支出，你就能清晰地瞭解自己的消費去向，判斷自己真實的生活費用及剩餘資金量，從而計算出可投資資金。

請記住，只用自己的閒散資金來投資，不可抱著賭博的心理，走在風險的邊緣頻頻試探。

3. 投機心態攪局。有這種心理的人，主要是想準確抓住市場的低點和高點，透過短期低買高賣快速獲取獲利。那麼問題來了，你覺得股市真的可以預測嗎？

如果有人能看出明天某只個股的走勢，不需要多，只要每天看對 2%，那麼哪怕只有 10 萬元本金，三年之後他將擁有 2,800 多億元，能上富比士富豪榜。大家捫心自問，如果真有這樣的秘訣，別人會願意告訴你嗎？

肯定是自己默默賺大錢了。

在股市中「吃肉」沒趕上，「挨打」一次都沒落下的投資者，通常不在少數。哪怕學了幾招有用的策略，往往還是受不了別人賺錢的刺激，進而盲目預測市場，其結果可想而知。股市變幻莫測，永遠不要嘗試去預測，而是要提前做好適合自己的投資策略，否則只會虧得很慘。投資必須嚴格遵守一個原則，那就是用閒錢投資。綜合考慮自己的經濟壓力和心理壓力，堅守適合自己的投資策略，讓時間與我們為伍，享受複利帶來的種種好處。

4. 習慣「追高殺低」。這也叫貪婪、趨利避禍的心理，是人性上的問題。波動是股市的長期性表現，漲跌是常態，不管牛熊我們都應該坦然接受。可惜的是，大多數人一邊喜歡著

股市的上漲，一邊卻忍受不了股市的大跌。這種心理就像在機場看著天上飛的飛機時，感覺心潮澎湃，恨不得馬上就上天翱翔。等到真的坐到飛機上時，又緊張得要命，想著「萬一掉下去可怎麼辦？」遇到氣流顛簸時，更是嚇得半條命都沒了。

因此，我們要正確認識追高殺低的心理，做一個大智若愚的投資者，理性對待股市的波動。也就是認識到漲跌對我們來說都是有利的，在上漲的時候我們賺取眼前的利益，在下跌的時候抓住入場的好機會，這才是一個投資者最高的境界。

5. 永遠不知足。有不少投資者根據策略賣出股票後發現股價還在上漲，把沒賺到的那部分錢當作自己的損失，非常不開心。究其原因，還是沒有做好心理預期管理。沒人能預測股市，沒有賺到的錢就是在自己能力範圍之外的錢，不要惦記了。畢竟市場上的錢是賺不完的，但是自己的投資資金虧得完。因此，堅守自己的能力圈，做好適合自己的投資策略，再買股票或者基金，賺自己能賺到的錢才是王道。

6. 羊群效應，盲目從眾。簡單說就是面對未知的事情容易掉入盲目從眾的陷阱。單個投資者總是根據其他同類投資者的行動而行動，在他人買入時買入，在他人賣出時賣出。

在股市行情好，投資股票積極性大增的情況下，能量迅速積聚，投資者非常容易形成趨同性的羊群效應。也就是追漲時信心百倍，蜂擁而至，很容易套在「山崗」上。一旦股市開始

大跌,恐慌心理也開始發生連鎖反應,大家紛紛恐慌,賣出跑路,很容易將股票賣在低價位上。

因此,股市的盲從心理會使投資者錯失良機,遭受損失。現實中經常出現莊家操縱股市,利用的正是投資者的這種心理,盲目跟進跑出,最後吃虧上當。如果投資者對流言不加任何分析地一概接受並且行動,那就極可能陷入某些莊家的圈套而不能自拔。盲從心理主要是一些投資者對股市不做客觀的分析,僅憑感覺盲目地決定,這種盲從心理是基於投資心理作用的。即行情好時更加樂觀,市場裡人潮洶湧,大家爭先恐後地買進,成交額相當大,導致供不應求,促使股價進一步上漲。

如今的利空因素,或許是未來的利多

股價的進一步上漲又誘導人們繼續購買,使供求關係更加緊張,股價不斷上漲。如此不斷輪迴,使過熱的股市更熱。反之也如此,當股價一跌時,人們唯恐價格進一步下跌,紛紛脫手,導致供大於求,股價更加下跌。人們賣出越多,價格跌勢越強,從而使過冷的股市更冷。因此,我們要深刻理解供需對股價的影響,要明白股市的真供給、真需求與假供給、假需求。

一般來說,現貨賣、現錢買的交易叫真供給,現錢買、現貨賣的交易叫真需求。沒有真正賣出的意思,卻裝作賣出的樣

子，目的是壓低行情後回補，這叫假供給。沒有眞正買進的意思，只是裝作要買進的樣子，目的是在抬高行情後賣出，這叫假需求。

由於股市非常敏感，波動幅度劇烈，有些參與投資的人並非眞正有意購買股票。也有些參與投資的人，並非眞正有意賣掉手中的股票，卻在市場裡進進出出，想賺取差價。不過假供需只能短期記憶體在，因爲需求既然有假，買進後就不會持有它。供給既然有假，賣出後勢必需要回補。對於股價由假供需所造成的不正常波動，投資者不必太重視。**天下事總是負負得正的，現在的不利因素將來可能會成爲有利因素。**

像一些無實際業務的股票，只是靠大量買進把它炒高，總有一天會由於缺少眞正有效的需求而下跌。相反，一些業績優良、獲利表現不錯的股票，即使無人光顧，其價格也不至於低到不合情理的情況。因此，我們更需要研究股票背後的上市公司，只要上市公司的基本面好，股價早晚會漲上來，反而不應只盯著供需關係去下判斷。

結束愛情長跑不可怕，恐怖的是你懷疑自己……

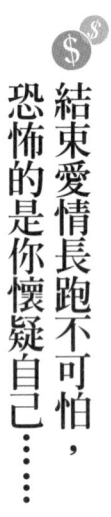

記得寫到這個章節的時候，我正在陪一位朋友婉婉去聽天后蔡依林的演唱會，待她唱到招牌歌《檸檬草的味道》時，婉婉在現場聽到這幾句歌詞「曾以為你是全世界，但那天已經好遙遠，繞一圈才發現我有更遠的地平線。」時，當下突然淚如雨下，我握緊她的手低聲說：「一切都過去了，現在的妳很棒。」

婉婉跟她的名字一樣，溫婉善良，活脫脫就是一朵在風中搖曳的海棠花，看似嬌弱，但實際上性格堅韌。我其實是在一個小型朋友聚會上，知道婉婉和未婚夫結束八年的愛情長跑，當時我們幾個女生剛喝完酒，人人都處於微醺的狀態，大夥兒

吹著晚風、有一搭沒一搭地聊著天⋯⋯。

當時我和婉婉只是普通朋友，在我的印象中，她一直是一個柔弱的女生，和我這種風火性格的人顯然是不一樣的。所以，當她平靜地說出「我和老趙在一起八年，太清楚彼此靈魂的形狀，確實沒有那麼契合啦。但是我們兩個人都膽小，誰都不願意先開口做惡人，所以拖到現在。最後還是我勇敢了一次，我很好，他也很好，可惜我們不合適⋯⋯」時，我確實有點震驚，這個女生也太「狂」了。

這次聚會之後，我和婉婉漸漸熟絡了起來，婉婉向我表示，剛和未婚夫分手時真的很難過，也一度想過「婚姻也許不需要那麼契合，兩個人在一起這麼久了，就算就這樣湊合著結婚，日子應該也能過下去⋯⋯」，她甚至懷疑自己是不是過於理想主義，對婚姻生活抱著太多不切實際的幻想。但是，當她回憶起兩人分手前，因為究竟要定居在何地有過多次爭執，以及因為懷孕期間要不要把老趙的狗放朋友那裡寄養反覆爭執，甚至因為週末該去戶外出汗還是宅家放鬆都能冷戰不下三次時⋯⋯，心想若真結婚了，婚後生活肯定一開始就要硬著頭皮妥協嗎？

婉婉甚至有些後悔膽小了這麼久，一直拖到該結婚的年紀才正視這些問題。畢竟這些問題打從一開始就存在，只是之前兩人都刻意迴避，以為等到快結婚的時候就會有人先妥協，但

萬萬沒想到的是，撐到最後，任誰也不願意退讓一步。

結束愛情長跑不可怕，相比因為膽怯，不敢及時止損，更可怕的是下定決心停損後，卻又陷入無止盡的自我懷疑中。就像我們買基金或買個股，如果被套牢，是否要果斷「割肉」離場，減少損失？如果決定「割肉」離場，那麼由於虧損導致陷入精神內耗時，又該怎麼辦？

實際上，對於是否該「割肉」離場並無標準答案，我們要根據實際情況來做具體分析。

投資時選擇「割肉」離場的好時機

對於買基金，我們知道一般的投資原則是停利不停損。也就是基金跌多了可以分批買，透過多次低價買進，攤低基金整體部位的成本，但這並不意味著，我們在任何情況下都不需要賣出。

所以問題又來了，當手裡的基金被套牢時，我們需要在什麼時候選擇「割肉」離場呢？

1. 基金經理人是否有異動。如果基金經理換人了，那麼就可以考慮暫時「割肉」離場。如果這個時候你的基金已經有了部分獲利，那就更好了，賣基金時沒有心理負擔。

特別是對於主動型基金和組合型基金，基金經理人是執

行基金策略的關鍵。如果該檔基金的管理人出現異動調整,那麼新上任的基金經理人可能會改變該檔基金過去的投資策略。即便不改變投資策略,在執行時也可能達不到先前那樣的投資水準。那麼未來你買的基金,是否還能像它的歷史表現那樣優秀,這就不好說了。這時你就可以賣出基金,「割肉」離場,規避風險,然後重新選擇其他相對合適的基金。

2. 是否具備「長期持有」的價值。對指數型基金來說,基金經理人的變動對基金獲利的影響,相對較小,畢竟這款基金的投資方式是跟蹤指數現況,而指數的編制策略則是固定不變的。因此,投資這類型基金,便不適合根據基金管理人的情況進行操作。我們這時需從另一個角度做分析,那就是該檔基金是否具備「長期持有」的價值。

如果你發現你買的基金已經不具備長期持有價值,那麼就可以考慮「割肉」離場,重新挑選其他投資產品。

「割肉」離場的二大模式

如果你是提前進場「埋伏」的,那麼趁著整個板塊漲多時,就可以考慮分批賣出。如果你是追高買入的,那麼就要考慮是否「割肉」的問題。對於這類的指數型基金來說,可以透過以下兩個簡單的方法判斷是否需要「割肉」。

1. 透過日線級別的均線來分析。如果指數日 K 線持續站上 10 日均線，就可以考慮持有。如果跌破，就需要「割肉」離場。

2. 透過行業的估值來分析。如果整個行業指數的估值處於歷史上的較低位置，那麼可以繼續持有。如果估值處於歷史上的較高位置，那麼就可以考慮離場。

以上是我們需要考慮「割肉」的情況，但如果你持有的基金是指數型基金，那麼原則上是可以長期持有的，因為這類基金適合越跌越買，基本不需要「割肉」。它們基本上不用擔心會有清盤的風險，也不用擔心基金經理的投資策略變化帶來的風險。如果你長期持有這類基金，那麼大機率會有不錯的獲利。但如果你是追高進去的，短期也會有被套的可能。這時候最好的操作方式是等指數大跌的時候分批買入，攤低成本，而不是「割肉」。

經濟週期大都是在繁榮、衰退、蕭條和復甦四個階段輪迴轉化的。對於一個行業來說，如果經濟環境好，景氣程度便會變高，如果經濟環境差，則景氣程度就會降低，那麼這種行業就是順週期行業。如果經濟環境差或者經濟環境好，對該行業的影響不大，那麼這種行業就是逆週期行業。常見的順週期行業有金融業、化工等，這些行業與我們的經濟發展密切相關。比如銀行，在經濟大好時，更多人願意去貸款賺錢。由於景氣

轉好，賺錢更容易，就連還款也會更為及時，銀行呆帳變少，百工百業的業績自然就會很出色。

在經濟不景氣的時候，行業景氣度反而高的行業，就是逆週期行業。這些行業往往在經濟不好的時候可以不受損，甚至取得逆增長。比如民生消費，這類型的基金即便短期都可能會有下跌，但只要堅持住，早晚還會重新漲起來，畢竟民生消費在任何時候都是剛需。

總的來看，基金由於每天波動的幅度相對較小，需要我們「割肉」的頻率並不高。大部分時候，只要你持有的基金比較優秀，即便短期被套，撐過之後大多都可以回本，但對於股票而言，「割肉」這種投資操作實屬常態。

為什麼？

對於個股的買賣，首先要有自己的交易體系，知道買某檔個股的邏輯是什麼？停利點與停損點個別落在哪裡？然後尋找賺錢的最大機率，並能賺得更多的個股……，只有透過這樣地不斷嘗試，才能獲得長期穩定的收益。

在這個過程中，我們最常遇到的情況是買的個股並沒有達到我們的預期，甚至買入後出現一定程度的浮虧，達到需要「割肉」的條件。那麼這個時候，我們需要做的是果斷「割肉」，而不是患得患失，想要再熬一熬，幻想市場會給自己一個解套的機會。換句話說，買個股需要養成「嚴守交易紀律」

的習慣。而對於我們一般投資人來說，在需要遵守的諸多交易習慣中，最難做到的是在個股走勢不及預期時，果斷「割肉」。

「割肉」離場的四大關鍵

對於進出股市經驗豐富的老手來說，買賣個股出現連續虧損是很正常的。股市短期的走勢變幻無常，買入的個股走勢一旦不符合預期就「割肉」離場，便會果斷重新選擇符合買入要求的股票。這樣的操作就像餓了便要吃飯、睏了就要上床休息一樣正常。實在沒有必要因為「割肉」而有激烈反應，更不需要氣餒，因為這時，果斷「割肉」才是及時控制損失的最好方式。

那麼問題來了，怎麼判斷個股該不該「割肉」呢？我們可以從以下四個方面來判斷。

1. 基本面。基本面出現嚴重問題的個股，應該及時「割肉」，不能心存僥倖。例如公司獲利大幅減少，商譽受損、業績大壞或營收大幅下降等情況。上述種種往往意味著公司在經營可能出現問題，需要及時停損離場。

此外，基本面不僅是指業績，甚至還包括股票大規模的解禁，大股東的頻繁減持，以及大規模的股票質押等情況。若出現這些情況，通常也代表著公司可能存在著社會大眾並不知情

的「貓膩」，所以需要先離場來規避風險。

一般來說，公司基本面的好壞決定個股本身能否被大筆資金青睞。一個基本面出現嚴重瑕疵的公司，投資人往往不太深入參與，那麼這類個股的股價就會長時間表現平淡，甚至持續下跌。因此，遇到這種情況時，我們應該第一時間「割肉」離場，盲目等待往往只會導致更大的虧損。

2. 資金面。如果一檔個股短期內持續瘋狂上漲，就意味著有資金在背後炒作，那麼資金撤退後，股價可能短期間還會維持在高檔。而你這時若進場追價，股價恐會出現震盪，也就是怎麼樣也漲不上去，這便有可能就是被套住了，建議應該立刻止損。

也許很多人會說：「這個股票業績很好，讓它震盪一段時間後就會再次上漲了。」如果業績只上漲20%，而股價已漲了兩倍，那麼這種業績的「好」是沒有太大意義的。須知**個股的短期上漲，主要是靠資金驅動的，並非單靠基本面支撐，基本面只是在資金進場時需要考慮的某一個面向**。投資者選擇買進某檔個股，可能是因為它是最近市場普遍看好的題材，也可能是因為是熱門焦點類股，還有可能就是因為估值低，想藉此炒作估值，修復預期目標等等。那麼在個股價格大幅上漲後，如果個股遭到資金拋棄，就需要及時止損。直到股價下跌恢復到合理區間後，才能考慮下一波的投資。

3. **市場情緒**。市場情緒的變化是有規律的，大致可以分為冰點、升溫、加速、高潮、退潮這五個階段，這五個階段就是一個情緒週期。一個老周

期的結束往往就是另一個新週期的降臨，新、老週期的銜接時間長短與背後的市場環境有關，市場情緒的背後，其實就是資金的進出。

當市場情緒處於冰點，短線資金大多都還在場外，待市場跌不動了，資金就會找機會試著進場抄底，逐漸扭轉局勢。當市場出現上漲跡象，便會吸引更多資金進場，但同時亦有部分資金尚在猶豫中，這時局勢還不是很明朗。隨著市場繼續上漲，底部已經被確認，這時就會吸引更多資金跟進，市場逐漸升溫。當市場行情明顯上漲時，始終猶豫而踏空的人就會加速進場，直到大家的「子彈」都打完了，市場情緒便正式進入高潮⋯⋯。

當市場上的投資者情緒達到高潮時，短線資金大多都已在場內，這時由於市場沒有增量資金，所以只有存量資金的相互博弈。這時就會有人想要獲利賣出；當選擇出場的投資者越來越多時，勢必會引發短期資金退潮，情緒也會相對轉冷。隨後，市場加速下跌，直到恐慌情緒宣洩完畢，資金大都「跑」到場外，市場情緒就回到冰點。

就這樣，就完成了一個情緒周期。

如果你是在市場情緒高潮時買進的，而個股在你買進後，價格卻始終漲不動，甚至出現高位震盪，那麼你就應該「割肉」離場。畢竟一旦市場情緒轉冷，股價快速殺跌，你恐怕只會虧更多。

4. 技術面。我們可以透過技術分析方法，觀察股票價格和交易量的走勢，以及可能的支撐部位和壓力區間，輔助判斷個股走勢是否變壞。一旦個股走勢變壞，就要及時「割肉」來規避風險。而比較常用的技術分析指標，主要有三類。

第一類是 K 線形態。K 線俗稱蠟燭圖，是股票漲跌最直觀的表達方式。

第二類是均線系統。均線本質上是持倉者的平均成本，它往往可以較好地反映股價的支撐位和壓力位。

第三類是技術輔助指標。它有很多不同的種類，比較常用的是 MACD、KDJ、BOLL 等。

我們可以透過這些技術指標大致判斷個股的未來趨勢，一旦未來趨勢有走壞的可能，就需要果斷「割肉」離場。當然，透過技術指標並不能完全準確地判斷每次的走勢，但只要存在大機率走壞的可能，我們就值得先離場觀望，等後續風險解除時再重新買入。

總的來說，可以透過以上四個方面來判斷個股是否需要「割肉」，但具體該怎麼操作沒有固定的標準，需要結合自己

的情況來判斷。如果你喜歡做短線，則可以選擇用情緒週期，在情緒高潮時賣出，在情緒冰點時買入；也可以選擇用均線技術指標，當 K 線在 10 日均線以上時買入，跌破 10 日均線以下時賣出。如果你喜歡做中長線，則需要用基本面來篩選股票，當然也可以同時參考其他幾方面資訊，比如流動性、市場情緒、籌碼結構等。

需要注意的是，基本面多數是落後於資金面及情緒週期的，因此損失機率可能會更大一些。但好處是透過基本面來判斷個股，可以避免長期持有「垃圾股」，避免被深套。

{伍}

當愛情轉化為親情
投資有一道門檻叫做「安全感」

我們不會害怕與父母親鬧翻,因為我們知道親情永遠在。

而當愛情轉化為親情時,有種安全感是——

永遠不擔心對方離你而去……。

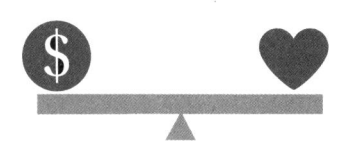

有了安全感才能遊刃有餘，戀愛和理財都一樣

記得自己年輕時特別容易喜歡情場浪子，總愛沉迷在既美又痛的戀愛關係中，整天患得患失。

結婚前與一位放蕩不羈、愛自由的前任交往了很長一段時間，當時他還在讀研究所，課餘時間則與大學同學組了一個搖滾樂隊，自己擔任吉他手兼主唱。他會在音樂節的舞臺上深情演唱，朝著人群中的我告白，給我最熱烈的情感回應。但他也會因為曾幫其他女組員錄歌，記錯了我們的約會時間，導致我醋勁大發……。

而他事後認為，我的「醋意」其實是源於自己未能充分信任他。

他給我了足夠的浪漫和驚喜,卻給不了我真正在乎的偏愛和安心。我們時常會因為他對感情的不夠堅定而爭吵,而每次爭吵時,我就像個刺蝟一樣縮成一團,根本不讓他靠近。

只記得我們最後協議分手那天,他在樓下等我,我們去了社區附近的咖啡廳聊天,這也是我們最後一次見面。當我們坐在咖啡廳裡時,耳邊突然響起楊千嬅正在唱的一首歌,歌詞是「原來安心才能開心,誰還管笑容可吸引」,我當下眼眶馬上就紅了。我直到這時方才發現,自己已經好長一段時間沒有放鬆下來,也很久沒有這般肆無忌憚地大笑大哭過……。

擁有安全感才能讓自己更加遊刃有餘,不論談戀愛和投資理財,道理都一樣。

可轉換債券—讓你我的關係更親密

在投資理財中,由於可轉債(又稱可轉換債券)具有「上不封頂,下有保底」的投資屬性,簡單來說,可轉換債券就是這個債券有個附加條款,當股價高於某個價格時,就可以用把債券用約定的價格轉換成股票。也因為擁有債權性、股權性,在追求收益的同時也能給人一定程度的安全感。

先談談債權性,可轉換債券的本質是債券,因此可轉換債券具備債券的低風險性。可轉換債券本身屬於公司的負債,因

此它與公司的利益關聯度較高。至於股權性，可轉換債券相當於股票的看漲期權，一般在上市半年後可以轉換為公司股票，因此可轉換債券又具備股票的長期增長性。

那麼問題來了，上市公司幹嘛要當「財神爺」，送給投資人這麼好的福利呢？

實際上，發行可轉換債券不僅能讓投資人賺錢，對上市公司來說也是好事，可謂是雙贏。對上市公司來說，主要有以下兩點好處。

1. 可用較低成本募集資金。 簡單地說就是可以借到更「便宜」的錢，上市公司發行可轉換債券，本質上是透過募資來擴大公司業務。要想實現這個目標，就需要龐大資金作為後盾。那麼，錢從哪裡來呢？

企業最常用的一個方法是找銀行談貸款。但是找銀行借錢需要審核一大堆資料，銀行還要「挑三揀四」，企業要滿足很多條件才能借到錢。即便企業借到錢，利息通常也不便宜。所以上市公司就想透過其他低成本的管道借錢，特別是優質的上市公司，它們滿足可轉換債券融資的條件後，很願意透過每年發行可轉換債券，支付很低的利息，來獲得發展企業的資金。

如果上市公司透過發行普通債券借錢，那麼每年需支付的利息就會比這些高出許多。

2.「借錢不還」，把債主變股東。 普通債券必須到期還錢，

而可轉換債券被持有人轉換成股票之後，借款就變成上市公司的資金，上市公司（下面簡稱為「公司」）就不需還錢了。

公司憑本事借到的錢，大多都是不想償還的，也不是說跟他們想賴帳，只是公司方多半會更願意讓債主變成股東之一。很多公司在其可轉換債券存續期間，股價怎樣也漲不上去，且為了促成轉股，達到「借錢不還」的目的，公司方往往會願意下修轉股價。

大部分可轉換債券在上市後都想要實現強贖，這符合多方利益，所以我們在做可轉換債券時，大多都能從中賺取超額收益。由於公司發行可轉換債券只能專款專用，所以一旦債主成為公司股東，這筆錢就不再受到限制，可以隨意使用，這對公司而言可謂動力十足，發行方肯定是非常希望大家成為股東才是，所以有九成以上的可轉換債券都是強贖退市，而大部分可轉換債券的存續期都在一年半左右。

但即便如此依舊也有事與願違的時候，比如市場環境不好或公司獲利能力遭遇瓶頸，這些都會對公司股價造成負面影響。一旦投資者對公司的成長潛力失去信心，加上公司確實未做出實際轉變，這時股價就很難有所表現。而股價又會影響轉股價值，因為：**轉股價值＝債券面值／轉股價 × 股價**

當股價不斷下跌的時候，轉股價值一般也會不斷降低。舉個例子，某可轉換債券的轉股價為 10 元，而正股股價只有 6

元,試問你願意花 10 元去買 6 元的東西嗎?

大家肯定不會的,大家多半會寧願在持有到期後還本付息也不願轉股,因為轉股意味著直接虧損。如果投資者都不轉股,那麼可轉換債券到期後公司就要還一大筆錢,動輒幾億元。有些公司本就已經財務緊張,這無異於雪上加霜,不符合任何一方的利益需求。

但是,如果轉股價從 10 元變成 5 元,花 5 元買 6 元的東西,很多人還是願意的。所以可轉換債券上市之初,在合同中就被賦予了一項權利,叫作「下修」,就是特定情況下公司可以決定下調轉股價。在連續三十個交易日裡,如果正股收盤價在任意十五個交易日裡都低於轉股價的 70%,那麼公司有權提議向下調整轉股價格,提議經出席會議的股東所持表決權的 2／3 以上透過就可實施。

請注意,70% 不是統一的標準,每家公司都不一樣,有的將其約定為 85%,有的將其約定為 90%,對投資者來說當然是越高越好。比如轉股價為 10 元,轉股價的 70% 是 7 元,也就是正股收盤價持續低於 7 元才會觸發公司的下修。如果正股收盤價是轉股價的 90%,那麼正股收盤價持續低於 9 元就可以觸發下修。在轉股價下修之後,轉股價值就會提升,可轉換債券的吸引力就又回來了,這時候促強贖的難度變小或說轉股的魅力就會變大了。

因此,在特殊情況下公司是很願意下修的,因為公司會盡最大努力促成轉股,這與可轉換債券投資者的利益是一致的。在市場行情不好時,我們也不用過於擔心手裡的可轉換債券會出現大幅下跌。我們急,公司更急,公司會努力實現強贖,勝負未分,乾坤未定,誰說咱們就不能成為贏家呢!

　　也就是說,只要公司不退市,這張可轉換債券就依然是有債性可以顧本的,公司到期必須還本付息,而且下修往往可以讓一張可轉換債券重新煥發生命力,本來沒有人氣的可轉換債券可能會因為下修而重新聚集人氣。我們在交易時也需要關注這類商品,因為極可能就有「金子」藏在其中……。

虧損有限，獲利無限——可轉換債券獲利，有跡可循

有人說，可轉換債券是持有人和上市公司實現雙贏的品項，那麼問題來了，到底又是誰吃虧了呢？

答案是，持有正股的散戶吃虧了。理論上，轉股會攤薄股東權益，轉股後的拋盤也會壓制股價。也就是說，可轉換債券是一種極具吸引力的投資商品。相當於股票的看漲期權（Call Option），擁有「虧損有限，獲利無限」的投資魅力，能夠給予投資人一定程度的安全感。

可轉換公司債券（Convertibal Bonds，CB）又稱為可轉債、可轉換債券，當一間公司缺資金時，就可以透過發行可轉債，給債權人能轉換成股票的權利，這樣就能用較低的利息去籌資

金。對投資人而言，可轉債就是指能在約定時間內，以約定條件「將債券轉換為股票」。簡單來說，可轉債是同時享有股權、債權的投資工具，在基本的債券上會加一個附加條款，當股價高於某個價格時，就可以把債券用約定的價格轉換成股票。

可轉債時又有兩種產品：CB、CBAS。可轉債（Convertibal Bonds，CB）意指同時享有股權、債權的投資工具，投資人可用約定條件將債券換成股票。而可轉換公司債資產交換（Convertible Bond Asset SWAP，CBAS）則是指某個交易商買入可轉債後，將其分離包裝成可轉債資產交換商品（固定收益）、可轉債買權兩種，來販售給固定收益投資人、選擇權投資人。

簡單來說，就是將債券部分和轉換權限部分拆開。優點是投資人花點小錢，就能參與可轉換的漲跌，風險是若投資的公司倒閉，可能拿不回本金，而且在契約期間內賣方擁有隨時買回、提前終止契約的權利。

可轉換債券本質上是上市公司的債券，債券本身內含100元的面值和約定的利息。按照持有年份，每一年的利息是不一樣的，可轉換債券到期後公司還本付息。可轉換債券是債權和股權結合的特殊品種，從現有資料和可轉換債券規則來看，可轉換債券透過強贖退市無疑是最普遍的情況，同時也是最符合發行方和投資方共同利益的方式。

如果我們在 120 元左右買入可轉換債券，買入之後運氣不太好，價格下跌了。由於可轉換債券有債的托底價格，所以下跌空間有限，一般在面值附近就不會再大跌了，到期後還是能拿回 110 元左右的本金加利息。

而投資股票和投資可轉換債券之間，最大的區別是股票能選擇「高風險搏高收益」，可轉換債券既可以選擇「高風險搏高收益」，也能選擇「低風險套利」。而我們參與可轉換債券投資，一定要理解以下幾個重點。例如可轉債在發行時，就會先制定好基本的轉換條件，像是轉換價格、轉換比例、轉換時發行的股票內容等。而當可轉債的持有人要行使轉換權利時，就要按這些基本轉換條件來進行。

投資人若決定將手中的債券轉換成股票，債權就會消失不能再轉換成債券，轉換過程是不可逆的，而且可轉債因為優勢較大，因此它的票面利率也比一般公司債低。一般來說，可轉債的特性計有：

首先，年限通常大約三～五年到期。在台灣發行價一般為 100 元，每張面額為 10 萬元（100×1,000 股）。

其次，預先設定轉換價格，投資人在未來一定期間內，能將可轉債轉換回普通股，超過轉換價就能轉換成股票，再把股票變賣換成現金。也就是**可轉換之股數＝可轉債票面金額／轉換價格**。

最後，轉換價格可隨機調整（重設條款），當公司股本有所變動時，轉換價格也會一併調整。而可轉債每年配息到期時，公司會以當初約定價值 100 元跟你買回，所以到期時你至少可領回超過 100 元以上的價值。

轉股價格─可轉換債券與正股之間的匯率

　　一張可轉換債券可以兌換的股票數量計算公式為：可轉換債券兌換股票數量＝ 100 元／轉股價。如果持有 1 張轉股價為 8 元的每檔潛力股的可轉換債券，可以拿到對應的股票數量就是 100 ／ 8 ＝ 12.5 股，即 12 股的股票。

　　有人要問：「還有 0.5 股的股票怎麼辦，能夠撕下半張股票給我嗎？」

　　答案當然是：「不可能」。

　　如果剩餘不足 1 股股票，交易所就會以現金的形式返還到我們的帳戶裡。也就是說，每張可轉換債券可換 12 股股票，剩下的 0.5 股股票按現金折算到帳戶裡。如果我們持有 10 張可轉換債券，那麼正好可以兌換 10×100 ／ 8 ＝ 125 股股票。

　　看到這裡我們就可以明白了，轉股價與正股價共同決定了一隻可轉換債券的價值。假設可轉換債券對應的正股價為 8.50 元，那麼 1 張可轉換債券的轉股價值為 8.50÷8×100 ＝

106.25 元，此時如果可轉換債券價格高於 106.25 元，那麼高出的部分就是溢價，如果低於 106.25 元，那麼低的部分就是折價。

這裡要注意一點，可轉換債券轉換股票是有時間要求的，並不是任何時候都可以轉股。也就是說，它有固定的轉股期。一般來說，可轉換債券並不是一上市就可以轉股的，要過一段時間後才開放轉股權利。通常可轉換債券上市六個月後，如果沒有進入轉股期，就不能轉股。

轉股價值─可轉換債券轉換成正股及賣出可得金額

轉股價值的單位為元，計算公式為：轉股價值＝正股價 × 100 元／轉股價。所有可轉換債券發行時的面值統一為 100 元，100 元除以轉股價的商，就是一張可轉換債券可以轉換為股票的數量。由於轉股價值與正股價密切相關，而正股價是隨著市場變化而波動的，所以轉股價值也是一個動態的數值。即股票交易時段，轉股價值隨對應正股的價格變化而變化。

總的來說，轉股價值主要使用在以下三個地方。

首先，**可轉換債券發行時，判斷其是否具有申購價值和配售價值**。一般情況下，可轉換債券的轉股價值高於 100 元，就具備申購價值和配售價值。不過在具體分析時，還需要結合相

應的正股性質、轉債評級、現存可轉換債券的折溢價率等多項因素。

其次，**判斷可轉換債券是否達到強贖、回售的標準**。例如某檔可轉換債券的有條件贖回條款中有提到：「在本次發行可轉換債券的轉股期內，如果公司普通股股票在連續三十個交易日中，至少有十五個交易日的收盤價格不低於當期轉股價格的130%（含130%），經相關監管機構批准（如需），公司有權按照債券面值加當期應計利息的價格贖回全部或部分未轉股的可轉換債券。」

也就是說，在連續三十個交易日中，至少有十五個交易日的可轉換債券的轉股價值，不得低於 130 元，否則即可觸發強制贖回。

最後，測算可轉換債券溢價率，該溢價率是可轉換債券市場成交價格高出其轉股價值的百分比，計算公式為：**可轉換債券溢價率＝（可轉換債券價格／轉股價值 –1）×100%**。

低價可轉換債券溢價率高，是因為有債性托底，可轉換債券跌幅遠低於正股跌幅造成的。高價可轉換債券也有溢價高的情況，它可以衡量市場對該可轉換債券的追捧熱度。溢價率越低，說明可轉換債券越容易跟隨正股同步漲跌。

強贖條款

贖回有兩種，一種是到期贖回，另一種是提前贖回。我們投資可轉換債券都希望提前贖回，而不是到期贖回。以某可轉換債券為例，其提前贖回條款是：A．轉股期內，股票在連續三十個交易日中，有十五個交易日的收盤價不低於轉股價的130%；B．未轉股餘額不足 3,000 萬元。

提前贖回，也可稱為有條件贖回，是可轉換債券發行公司的權利，對投資者有強制性，所以也被稱為強贖。如果公司對可轉換債券發起強贖，但可轉換債券持有人在規定的時間內不轉股，那麼手中的可轉換債券就會被公司以贖回價格強制收回。此外，贖回也是有時間期限的，沒有進入贖回期的可轉換債券，即使正股價是轉股價的十倍，也不能提前贖回。

為了儘快促成債券持有人轉股，在可轉換債券發行時，發行方就被賦予了叫作「強贖」的這一項權力，也就是強行贖回，這項權力被寫進投資契約中。公司行使強贖權利，其實就是逼著債券持有人轉股。因為按照可轉換債券面值加上當期利息，到期價格一般在 110 元左右，而滿足強贖時的可轉換債券價格都在 130 元以上。強贖由於符合多方利益，所以也成為可轉換債券退出市場的主流形式。

回售條款

通常在《公開說明書》中被稱爲「有條件回售條款」。而一般回售條款是這樣規定的:「在可轉換債券最後兩個計息年度,如果股票在任何連續三十個交易日內,收盤價格低於當期轉股價格的 70%,那麼可轉換債券持有人,有權將其持有的可轉換債券的全部或部分,按照債券面值再加上當期應計利息後回售給公司。」

不同的可轉換債券關於回售期的規定是不同的。有的是最後兩個計息年度內,有的是轉股期內,還有的是可轉換債券發行後多少個月內。目前,絕大多數可轉換債券是按照最後兩個計息年度內來規定的。如果不在回售期內,就算正股價在轉股價的 50% 長期徘徊,持有人也是沒有回售權利的。

回售是賦予可轉換債券持有人的一項權利。當正股價跌得太低,觸發回售條件時,持有人有權將手中的可轉換債券,以約定的回售價格賣回給公司。請注意,回售是持有人的權利而非義務。你可以選擇回售,也可以選擇不回售且繼續持有。回售價格是在《公開說明書》中事先約定的,通常等於債券面值加上當期應計利息的總和。並不是每個可轉換債券都有回售條款,有些金融類(銀行和券商)的可轉換債券,因爲會計原因而不設置回售條款。個別低信用評級的非金融類可轉換債券,

也沒有設置回售條款。

所以若不能回售，這時應該怎麼辦？

不用擔心，實際上可轉換債券都設置了附加回售條款，當募集的資金用途發生重大變化時便可以回售。需要注意的是，絕大多數可轉換債券在一個計息年度內，只能有一次回售保護。當某一檔可轉換債券在同一個計息年度內，多次觸發回售條款時，則只有第一次有效。如果持有人在回售申報期內沒有行使權利，那麼投資者在這個計息年度內，就沒有權利再次參與回售。

透過這些基本概念，我們對可轉換債券擁有一定的瞭解。如果想在追求收益的同時也能找到安全感，那麼可轉換債券將是可以重點研究的投資品項。

風浪再大也不怕，「策略組合」營造安全感

在我們的認知中，投資這件事情，風險和收益總是亦步亦趨的。

低風險意味著低獲利，高獲利就等同於高風險。

那究竟有沒有什麼投資，可以顛覆這種認知呢？

假設你投入 2 元資金，有機會獲得 100 萬元，而且隨著投資次數的增加，這種賺錢機率也會跟著增加。那麼，當投資次

數達到一萬次時，中獎機率會高達 90% 以上，看到這邊，你是否願意參與？我想絕大多數人都會選擇參與。因為就算你投資兩萬次才中一次，結果依然是划算的。兩萬次的投資成本為 4 萬元，但是你獲得的回報是 100 萬元，扣掉成本還倒賺 96 萬元。

說起這類型投資者，在投資圈中多半被戲稱為「憨奪型投資人」，簡而言之，就是慣用低風險來搏高回報。感興趣的朋友可以看看《憨奪型投資者》（The Dhandho Investor： The Low - Risk Value Method to High Returns）這本書，作者是莫尼什‧帕伯萊（Mohnish Pabrai）。不過這裡的「低風險」指的是「低成本」，當透過低成本賺取高收益成為一個常態事件時，投資可轉換債券就變成低風險高收益了。

當然，這種情況並不常見，可轉換債券因受到各種條款的約束，以及與發行方利益深度綁定，某種程度上也具備這種屬性。可能有人會說，既然有這種好事，那大家為什麼不去投資可轉換債券呢？

答案是人性。

人性會讓多數真相被蒙蔽，放大虛幻。就像複利是一件具備長期獲利的事情，但絕大多數投資者都只看到短期利潤，不願接受長期複利。

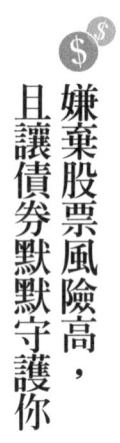

嫌棄股票風險高，且讓債券默默守護你

　　股票能讓人產生「短期暴富」的幻想，我們先不討論這個感受是否夠實際，但「短期」和「暴富」兩個名詞聽起來就足以讓人熱血沸騰。反觀債券就像是一個默默付出的「老實人」，相較於股票帶給人的刺激感，債券的預期收益實在無法與之相比，自然激不起大家蜂擁而至的興趣。

　　但即便如此，債券依舊有它的優點在，不管經濟週期是強還是弱，股市行情好還是壞，它都會默默地守護我們，讓我們的獲利不致大起大落。

　　如果股票是一個能持續為女友製造浪漫驚喜的「高富帥」，帶給對方難忘的戀愛體驗，但分手時往往也讓人更加痛

徹心扉；那麼債券就像是一個不擅甜言蜜語，但卻會用心照顧女友日常生活的「貼心暖男」。

平淡的日子也許很難留下難忘回憶，但讓每一天都過得更踏實、安心，豈不更佳。故而到底是選「高富帥」好，還是令投「貼心暖男」懷抱更實際，就要看每個人自己的選擇了。就像有人迷戀「深夜的烈酒」，追求刺激和浪漫，有人則享受「清晨的白粥」，喜歡踏實和溫暖。只要忠於自己的選擇，不論是「酒」或者「粥」，相信都能品出專屬的幸福滋味。

許多人可能不瞭解債券，簡單說，它是一種有價證券，是政府、企業、銀行等各類經濟主體為了籌集資金，向投資者出具的債權憑證，待債券到期會償還本金並按照一定利率，定期地向投資者支付利息。也就是說，我們可以把債券當作機構與我們簽訂的一張借據。至於債券的種類可以分為：

1. 政府公債（Government Bonds）：政府為募集資金而發行的債券，再依發行層級又可分為中央政府公債及直轄市政府公債。

2. 金融債券（Financial Bonds）：銀行等金融機構所發行的債券，包括一般金融債券、次順位金融債券、轉換金融債券、交換金融債券及其他經主管機關核准之金融債券。

3. 公司債（Corporate Bonds）：企業為籌集中、長期資金所發行的債券。

對於發行主體而言，如果它的信用比較好，就可以用較低的價格發行自家的債券；如果它的信用比較差，那麼它在進行債券融資時，就要提供較高的利率，這部分是對風險的補償。

債券獲利的三大來源

有人要問了，債券是怎麼賺錢的呢？它的獲利主要來自哪些方面呢？具體來看，債券收益主要有三大來源。

1.票息收益。這是債券最主要、最確定的收益。債券在發行時就會規定好票息率和付息時間，在不發生違約的情況下，債權人每期會收到固定的票息，票息的價值為本金與票息率的乘積。

對於信用評級較低的債券發行人，往往會透過提升票息率來爭取投資者的青睞。同時久期越長的債券，往往會提供越高的票息率，彌補投資者的流動性損失。所以想要追求更高的票息收益，可以選擇信用下沉或拉長久期，當然這也意味著會有更高的風險。通俗點說，久期就是債券的剩餘壽命。久期越短，債券價格波動越小，風險越小，收益越低；久期越長，債券價格波動越大，風險越大，收益越高。

2.資本利得。就像我們買股票一樣，指在市場上買進賣出後獲得的價差收益。由於債券的價格與利率呈負相關的關係，

如果預測將來的利率水準會比現在的利率水準更低，那麼未來債券的價格就會高於現在的價格。

3.槓桿收益。比如債券基金，可以透過槓桿操作增厚收益。有時我們會發現債券基金的資產總值大於資產淨值，這往往是槓桿的作用。例如買 1,000 元的國債，假設年化收益是 3%，那麼持有一年將獲得 30 元的利息收益。

但是，這時我們可以在市場上買到週期為七至十四天的債券基金，年化收益是 2%，比如將 1,000 元的國債押給別人，滾動地借七天或十四天的錢，再次購買 500 元的相同國債。那麼一年後，這部分「槓桿」將為你帶來 500×（3%-2%）＝5 元的收益。估計下來，這 1,000 元的本金，每年可以獲得 35 元的收益，也就是獲得 3.5% 的年化報酬。不過所謂福禍相倚，這也是債券市場容易出現風險的地方，需要專業的估算才能有效控制風險。

債券的定價方式比較複雜，總的來說，債券收益率和債券價格是負相關的關係。也就是說，債券收益率上升，意味著債券價格下跌，債券市場就會是熊市。債券收益率降低，意味著債券價格升高，債券市場就是牛市。而影響債券收益率的因素比較多，主要是利率政策、通脹預期、經濟基本面預期和外部美聯儲利率政策的變化。

迎接經濟寒冬，提前佈局求心安

我們都知道萬物皆有週期，經濟本身就是週期性波動的。因此哪怕遇到經濟寒冬期也不要慌，我們可以從經濟週期的角度來看。

說到經濟週期，「美林投資時鐘」（The Investment Clock）[1]是一個比較通用的工具。它總結了在各個週期的不同階段，投資哪些大類資產會更賺錢。主要根據通貨膨脹和經濟增長這兩個面向，把一個完整的經濟週期劃分為四個

第一階段：復甦期

主要表現為國內生產毛額（GDP）上調，消費者物價指數

（CPI）下修。隨著經濟的逐步復甦，受寬鬆政策的影響，經濟快速發展，企業得到更多的資金支持而增加獲利。這使得股票收益更具有爆發性，超額收益更好，所以此時股票是最優選擇。此時的最優投資順序為：**股票＞大宗商品＞債券＞現金**。

第二階段：過熱期

主要表現為國內生產毛額（GDP）上調，消費者物價指數（CPI）下修。這個時候產出缺口還在不斷擴大中，經濟雖然保持著高增長，但經濟增速已逐漸放緩，CPI 也開始上行，物價開始上漲。企業獲利能力不錯，對於大宗商品的需求增多。

這時候為抑制過熱的經濟，國家會推出提高利率的貨幣政策。利率提高後，債券的收益往往會下降，再加上利率提高本身對股票的收益率也有抑制作用，最好的投資選擇就是大宗商品。此時的最優投資順序為：**大宗商品＞股票＞現金＞債券**。

第三階段：滯漲期

主要表現為國內生產毛額（GDP）下修，消費者物價指數（CPI）走揚。這個階段經濟增長開始減速，產品也不好賣。但 CPI 反應慢，還在往上走，也就是物價還在上漲，這是讓人

非常糾結的階段。央行進退兩難，加息也不是，降息也不是。

一般來說，面對經濟滯漲央行採取的措施通常是硬著頭皮加息，因為通脹的危害更大。比如 2022 年美聯儲開始暴力加息，目的就是哪怕犧牲經濟發展，也要把通脹壓下去。由於經濟不景氣，企業雖然為了保持獲利會抬高價格，但獲利能力仍會大幅下降，所以股票的表現會很差。對大宗商品的需求也下降，如果股票市場、債券市場、大宗商品行業都不景氣，就只能持有現金了，此時的最優投資順序為：**現金 > 大宗商品 > 債券 > 股票**。

第四階段：衰退期

主要表現為國內生產毛額、消費者物價指數（CPI）雙雙下修。這個階段經濟增長較差，產品依然不好賣，CPI 開始下行，央行可以出手降息了。利息一降，債券就開始「揚眉吐氣」了，但經濟大環境不好，股票和大宗商品依舊「涼涼」，所以此時最好的選擇是債券。此時的最優投資順序為：**債券 > 現金 > 股票 > 大宗商品**。

美林時鐘是國外總結的分析工具，具體應用到我們國家的時候，往往時靈時不靈。很多時候不是按照順序輪動的，比如有時會從衰退直接跳到過熱，或者從復甦跳到過熱等。因此美

林時鐘也被我們戲稱為「美林電風扇」。主因是國家往往更傾向於透過宏觀調控來調整經濟發展，以及針對調節利率也會影響各類資產的表現。很多時候雖處於對應階段，但最優先的投資順序和美林時鐘並不一致。

那麼問題來了，我們該怎麼分析國內的經濟週期呢？

可以結合國家貨幣政策和銀行放款策略來分區不同的週期。關注貨幣政策的核心就是關注央行的「放水」多寡，具體來看，多多關注市場上的利率變化就知道了。如果利率低，說明貨幣政策比較寬鬆。而關注放款政策，主要就是關注央行的放貸意願是否夠強烈，這部分主要看社會融資規模的增速，就可看出端倪了。

「社會融資規模」也有四大過渡期

社會融資規模，代表的是實體經濟從金融體系裡借到的錢的規模。具體來看，也可分四個階段。

第一階段：復甦階段，具體的表現是「寬貨幣＋寬信用」。這時候央行持續在「放水」，市場利率下降，而且央行讓各家銀行多往實體經濟放錢，社會融資規模漲得比較快。企業手裡開始有錢買大宗商品了，這時候大宗商品和股票的收益率大概率都會很好。而在上一階段─衰退階段時，由於央行已經「放

了不少水」，大家對債券因「放水」而上漲已經有了預期。這些變化都會反應在債券價格上，所以此時債券漲得一般。

　　第二階段：過熱階段，具體的表現是「緊貨幣＋寬信用」。這時候經濟開始過熱，央行逐漸減緩「放水」的腳步，但此時各家銀行放貸意願還是很強。在這種情況下，大家的需求還是比較高，企業的利潤也會增高，股價也會水漲船高。

　　第三階段：滯漲階段，具體的表現是「緊貨幣＋緊信用」。在兩種政策同時收緊的情況下，市場上並沒有哪種資產表現突出，因此可以透過構建投資組合或者持有現金來規避風險。

　　第四階段是衰退階段，具體的表現是「寬貨幣＋緊信用」。這時候央行開始重新「放水」刺激經濟。但銀行拿到錢後，往往並不是首先發放更多貸款給企業和居民。因為經濟不給力，銀行擔心這時候放貸很難收回，所以會減少信用貸款規模，不過可以確定的是，利率開始下行，債券市場比較吃香。

　　前面介紹了兩種劃分經濟週期的方法，供大家參考。它們每個階段都有相對較好的投資方式，並不是沒有一點投資機會。雖然真實的經濟運行情況和這些理論模型會有不一致的地方，但它們還是能給我們帶來一定的參考和借鑒。

　　問題來了，如果遇到經濟寒冬，我們該怎麼度過經濟低谷呢？

如何安度經濟低潮期

首先，**不要讓自己負債過多，最好能保持一定的現金流。**在經濟形式不好的時候，很多人為了償還債務會開始拋售資產，導致資產價格下跌。資產這時所代表的財富就會縮水，但它只是帳面數字罷了，並非財富本身。因此不要有過多的負債，盡可能地規避債務帶來的風險，保持適當的現金流，以便更好地應對各種突發情況。

其次，可以**適當配置黃金，對沖全球金融危機和地緣戰爭衝突的風險。**

黃金本是一種貴金屬，它並不能創造收益。但由於它的物理屬性比較穩定，全球範圍內的儲存量也比較有限，就被全世界各個地方的人民當作貨幣使用。於是就產生了價值，慢慢就成了財富的象徵。

我們先來看看黃金的歷史發展進程，可以從中找出一些有價值的投資參考。大概在 1845～1945 年，也就是布列敦森林制度（Bretton Woods system）出現前的一百年間，全球實行的是金本位的貨幣制度。從這時候起，黃金可說已是公認的世界貨幣。不管是亞洲或遠隔重洋的美洲亦或歐洲，大家都把它視為財富儲藏起來。這個階段的所有貨幣都要以黃金為錨，全球各國政府大都以法律形式規定貨幣的含金量，不同貨幣之間的

匯率，就是兩國貨幣含金量之比。

1945～1971年，這是美元躍身成為世界貨幣的初創階段。美元這時的信用還不夠強壯，所以美國人想出一個增強美元信用的大招，那就是把美元和黃金掛鉤，35 美元可以兌換 1 盎司黃金。在這個階段，黃金是世界貨幣的信用支持。隨後，也就是從 1971 年到現在，從美元正式與黃金脫鉤開始，全球進入純信用貨幣時代。國家信用成為世界信用的主體，美元取代黃金成為世界貨幣，黃金信用瞬間成為歷史往事。

也正是從黃金和美元解除綁定之後，黃金迎來了共計三波段的大漲勢。

第一波是從 1971 年到 1980 年，黃金價格從每盎司 35 美元上漲到 850 美元。但從此開始，黃金就陷入了長達二十多年的熊市，等到再一次重回 850 美元，已是在 2007 年年底了。如果投資者在 20 世紀八〇、九〇年代甚至 21 世紀初買進黃金，基本上肯定都是虧損的。

黃金的第二波行情則要等到 2008 年的次貸危機。由於美國實行大規模量化寬鬆政策，使黃金價格在 2011 年漲到了 1,900 美元的歷史新高。但是隨著美國量化寬鬆政策的力度放緩，黃金很快地又重回熊市，在 2015 年年底跌到 1,000 美元附近。直到 2020 年新冠疫情開始爆發，黃金終於迎來了第三次牛市。

回顧黃金歷史上的三次大行情，我們不難發現，它們的啓動都是因爲極其罕見的歷史事件而來。但從另一個角度講，黃金就相當於投資者帳戶裡的保險。當投資者股票帳戶表現不好時，黃金一般都會有較好的表現。其原理很簡單，資金總要找一個去處，不管是投資黃金或股票，影響這種短期投資走勢的因素，主要還是情緒。如果股市行情不好，投資者的錢又得找個地方存放，那麼除了存款和保險，黃金和債券基金也是大家非常青睞的對象，所以，投資者經常把黃金和債券基金作爲投資帳戶的「壓艙石」。不過黃金和債券基金是權益類資產，預期收益相對高一些，同時也有虧損的可能。

基本上，黃金出現虧損時，往往就是股市表現變好時。總之，「存款＋保險＋黃金＋債券基金」所組成的一套防禦組合，作爲家庭財務帳戶在經濟寒冬的壓艙石，效果應該是不錯的。

推薦給大家……。

---

1. 1914 年創辦的美林證券（Merrill Lynch），於 2004 年提出的一項投資理論，即使流傳多年，但仍是全球廣爲流傳、影響力巨大的投資理論之一。

後記

我為什麼要寫這本書？因為理性和感性是可以共生的。

當我寫完這本書的時候，上海差不多立秋了，如果不出意外，這本書會在 2023 年的冬季出版。

雖然紙媒日漸式微，但能出版紙質圖書也圓了我年少時的一個夢想，這對我來說意義非常重大。也正是出於這份情懷，我不希望把這本書寫成枯燥的工具書，或者冰冷的理財書。我想讓它更有新意一些，更有溫度一些，讓讀者在理性的金融世界中保留一些感性。這也是我一直以來的觀點：理財就是理生活，理性和感性是可以共生的。

因為平時研究理財比較多，我身上"金融女民工"的氣質非常明顯，理性、自信、穩定、自律等是別人給我貼的標籤，合作夥伴經常開玩笑說，工作中的笑笑彷彿是一個脫離了人類情感的機器人。

其實並不是這樣的，人是非常複雜的高級動物，理性和感性、自信和膽怯、穩定和懷疑、自律和懶散並不是對立面。它們此消彼長，相互轉化，才構成了一個個有血有肉、會哭會笑

的人啊。理性讓我更加清醒地認識世界,但感性讓我在認清現實後依舊溫柔地對待世界。就像金融思維讓我更加清楚地理解世界運行的真實規律,但在認清真相後,我始終願意相信,只要運用好金融

這個工具,就能更好地感受到金錢和世界的善意。這也是我在這本書中想要表達的核心觀點:正確認識理財,並通過理財讓生活過得更好。

最後,我想對女兒一一說幾段話,請大家允許我「夾帶私貨」,佔用少許篇幅表達一下新手媽媽對女兒的愛。

一一,妳知道嗎?這本書的出版既圓了媽媽年少時的夢,也是媽媽送給妳的出生禮物。如果妳在 20 歲、30 歲甚至 40 歲翻看這本書時,還能驕傲地對別人說:「這本書裡有我媽媽想對我說的話耶,當時我才 2 歲,我媽媽最愛我了!」那麼對於我來說,這就是世界上最大的肯定。

謝謝妳,寶貝,謝謝妳健康長大,妳是生命的奇跡,也是我的奇蹟。妳如此珍貴,媽媽怎能把妳占為己有。我愛妳是母性使然,我養妳是社會責任,所有的出發點都是「我」,也是「我」不打聲招呼就把「妳」帶到這個世界。

我確實為妳付出了很多,以後還會更多。但是妳也給我帶來了前所未有的體驗和歡樂,豐富了我的人生。所以,妳並不需要被媽媽的付出束縛,媽媽是愛妳的,但妳是自由的。

寶貝啊，參照媽媽目前的人生經驗，人生真的很奇妙，它既沒有標準答案，也從不按預期發展。既然人生就像開盲盒一樣，為什麼不在每次做選擇時，盡量跟隨自己的內心呢？

　　人生的第一課，就是學會自己做選擇，並為自己的選擇負責。妳可能不知道自己想要什麼，但一定知道自己不想要什麼。所以，大膽去實驗人生的各種可能性就好。爸爸媽媽加把勁兒，盡力為妳提供後盾。但是，後盾歸後盾，妳可別想偷懶哦，我和妳老爸才不會為妳的人生負責呢。沒有誰能對誰的人生負責，前期的一小段路爸爸媽媽盡可能為妳打好輔助，後面的一大段路就靠妳自己「打怪升級」了。妳將來如果優秀，是因為妳自己。如果妳不夠優秀，還是因為妳自己。當然，也別有心理負擔，糾結於別人眼中的優不優秀並沒太多意義，還容易讓自己疲憊。有好勝心是好事，但人生不是除了輸就是贏，也可以是和自己競賽，按自己的意願過一生。在妳「打怪升級」的路上，媽媽會是與妳一起成長的好搭檔，相互打氣的好隊友。

　　那些我沒能實現的夢想，還是我的，與妳無關。妳不需要活在媽媽的期望下，勇敢做一個全新的夢吧，隨妳大膽設想。妳有妳的人生，我也有我的人生。我們各自努力，相互成全，少點抱怨，絕不退縮，頂峰相見！

【識財經】

理財就像談戀愛一樣簡單

作　　者	落英（杜笑笑）
視覺設計	徐思文
主　　編	林憶純
行銷企劃	謝儀方

總 編 輯　梁芳春
董 事 長　趙政岷
出 版 者　時報文化出版企業股份有限公司
　　　　　108019 台北市和平西路三段 240 號
　　　　　發行專線 ─（02）2306-6842
　　　　　讀者服務專線 ─ 0800-231-705、（02）2304-7103
　　　　　讀者服務傳真 ─（02）2304-6858
　　　　　郵撥 ─ 19344724 時報文化出版公司
　　　　　信箱 ─ 10899 台北華江橋郵局第 99 號信箱

時報悅讀網　www.readingtimes.com.tw
電子郵箱　yoho@readingtimes.com.tw
法律顧問　理律法律事務所　陳長文律師、李念祖律師
印　　刷　勁達印刷有限公司
初版一刷　2025 年 3 月 21 日
定　　價　新台幣 350 元

版權所有 翻印必究

（缺頁或破損的書，請寄回更換）

理財就像談戀愛一樣簡單 / 落英（杜笑笑）作 . -- 初版 . --
臺北市：時報文化出版企業股份有限公司, 2025.03
　176 面；14.8*21 公分 . --（識財經）
ISBN 978-626-419-124-1（平裝）
　1.CST: 個人理財 2.CST: 投資
　563　　　　　　　　　　　　　　　　113019472

ISBN 978-626-419-124-1
Printed in Taiwan.

本作品中文繁體版通過成都天鳶文化傳播有限公司代理，經電子工業出版社有限公司授予時報文化出版企業股份有限公司獨家出版發行，非經書面同意，不得以任何形式，任意重製轉載。